山东省技能型特色名校建设工程成果系列教材

U0949691

# 船舶动力设备拆装

主　编　倪文利　陈　勇
副主编　刘　波　刘继峰　张　力　聂修军
主　审　陈　光

山东大学出版社

图书在版编目(CIP)数据

船舶动力设备拆装/倪文利,陈勇主编.
—济南:山东大学出版社,2014.8 (2022.8重印)
山东省技能型特色名校建设工程成果系列教材
ISBN 978-7-5607-5098-9

Ⅰ.①船…
Ⅱ.①倪… ②陈…
Ⅲ.①船舶机械—动力装置—装配(机械)—高等职业教育—教材
Ⅳ.①U664.1

中国版本图书馆 CIP 数据核字(2014)第 180187 号

责任策划:刘　彤
责任编辑:耿　斐
封面设计:牛　钧

出版发行:山东大学出版社
社　址　山东省济南市山大南路 20 号
邮　编　250100
电　话　市场部(0531)88364466
经　销:山东省新华书店经销
印　刷:济南巨丰印刷有限公司
规　格:787 毫米×1092 毫米　1/16
10.25 印张　240 千字
版　次:2014 年 8 月第 1 版
印　次:2022 年 8 月第 2 次印刷
定　价:32.00 元

# 总 序

为加强对山东省内高等学校的分类指导，强化内涵和特色发展，提高人才培养质量，发挥名校带动作用，增强高等教育服务我省经济社会发展的能力，2011年，山东省教育厅、财政厅联合组织实施了山东省高等教育名校建设工程。山东交通职业学院是山东省技能型特色名校首批立项建设单位之一，共有汽车运用技术、道路桥梁工程技术、物流管理、机械设计与制造、工程机械运用与维护、轮机工程技术6个专业成为省财政重点支持建设专业和工程造价、公路运输与管理、机电一体化、航海技术4个专业列入非省财政重点支持建设专业。

项目建设初期，学院牵头成立了山东省交通运输职业教育专业建设指导委员会，邀请省内外教育专家和行业企业的技术骨干，对名校工程10个专业的建设方案及任务书进行了充分论证。我院项目建设期间，各专业主动适应行业企业加快经济发展方式转变、产业结构调整和优化升级的需要，主动服务山东半岛蓝色经济区和黄河三角洲高效生态经济区两个国家战略的实施，以提高质量为核心，不断创新校企合作体制机制，大力推进人才培养模式转型，优化课程体系构建，全面提升了学校的专业建设水平和人才培养质量。

经过三年建设，10个专业积累形成了一批紧密结合生产实际、独具行业企业特色的专业教材，成为"山东省高等教育名校建设工程"建设项目的重要成果之一，也是"课程体系构建与核心课程建设"内容的重要载体。为了该系列教材的出版，各专业多次召开教材编写会议，组织各课程负责人及参编人员认真学习领会"山东省高等教育名校建设工程"建设精神，深入行业企业进行专业调研和分析，以培养适应区域经济社会发展的高素质技能型人才和我省行业企业急需的高级技能型人才。根据各专业实际需求，重新架构、设计教材体系，以力求做到理论知识学习和职业技能训练的合二为一。

衷心希望名校工程的建设成果，能为我省交通运输主干专业建设和人才培养起到积极的推动和引导作用。

陈留彬

2014年7月

# 前 言

本教材是根据中华人民共和国海事局2012年6月颁发的《海船船员适任考试和评估大纲》与《海船船员适任评估规范》中轮机工程专业实操评估项目而编写的，以二/三管轮适任评估标准化体系为指导，将船舶动力设备拆装安全管理的内容和评估的流程整合、编排。本书既可作为轮机工程技术专业实践教学教材，也可作为轮机工程技术专业社会培训的学习辅导书或相关职业领域的职工培训教材。

本书主要包括柴油机主要部件的拆装、分油机的拆装、船用泵的拆装、活塞式空气压缩机的拆装、锅炉附件的拆装5个模块，设置了20个教学项目。其内容覆盖了船员适任评估规范、评估大纲中二/三管轮的评估项目，主要讲解动力设备拆装、检修、测量等的实际操作方法。由于船舶动力设备种类繁多，无法一一列举，只能阐述轮机设备拆装的一般方法及其共性。本书编写力求体现高职高专职业教育的特点，实用性强。

本教材有如下特点：

1. 紧紧围绕高等职业教育的人才培养目标，依据岗位能力要求，理论与实际结合。教材所设计的具体项目都是二/三管轮岗位适任最基本的知识，实用性强。

2. 根据职业能力要求及本课程教学目标，通过紧跟海事局“11规则”二/三管轮设备拆装标准，切实增强学生的岗位适应能力。

3. 为联系实际和便于自学，教材知识易学易懂，并在每个项目后附有任务单。

本教材由山东交通职业学院倪文利、山东海事职业学院陈勇主编，由刘波、刘继峰、张力、聂修军担任副主编。其中模块一是由倪文利、刘波编写；模块二、三、四、五由陈勇、刘继峰、张力、聂修军编写。全书由倪文利统稿，陈光主审。在编写过程中，编者参阅了国内外一些专家和学者的研究成果及相关文献，在此一并表示感谢。本教材得到了各兄弟院校同行、行业企业专家的大力支持，特致谢意。

由于编者水平有限，书中如有不足之处，敬请使用本书的师生批评指正。

编 者

2014年7月

# 目录

# 模块一　柴油机主要部件的拆装

## 项目一　气缸盖的拆装与检查

### 一、项目评估目标

(一)知识目标

1. 了解气缸盖拆装的技术要求、安全规则。
2. 掌握气缸盖拆装的工具选取及使用方法。
3. 掌握气缸盖的结构、部件组成及工作原理。

(二)能力目标

1. 通过本项目的训练,熟练掌握气缸盖拆装的程序。
2. 通过本项目的训练,熟练掌握液压试验法检查气缸盖部件。

(三)素质目标

1. 通过气缸盖拆装的练习,培养学生团队协作的意识。
2. 通过气缸盖部件检查的训练,培养学生分析问题、解决问题的能力。
3. 通过气缸盖拆装的练习,培养学生的安全意识。

### 二、项目评估的重点与难点

(一)重点

1. 气缸盖拆装的工具选取及使用方法。
2. 气缸盖的拆卸程序。
3. 液压试验法检查气缸盖部件。

(二)难点

液压试验法检查气缸盖部件。

## 三、项目评估标准

<table>
<tr><td>科目</td><td>动力设备拆装</td><td>等级</td><td>750kW 及以上船舶<br>二/三管轮</td><td>时间</td><td colspan="2">30 分钟</td></tr>
<tr><td>操作题目</td><td colspan="6">气缸盖的拆装与检查</td></tr>
<tr><td colspan="5">评估要求</td><td colspan="2">分值</td></tr>
<tr><td rowspan="3">工具的选择与使用</td><td colspan="4">能正确选择及使用相应的专用工具、普通工具和起重工具及其他工具，正确理解专用工具、普通工具之间的替代关系</td><td>4</td><td rowspan="3">10</td></tr>
<tr><td colspan="4">工具选择规格合适</td><td>4</td></tr>
<tr><td colspan="4">选择、使用工具过程中，注意对工具的完好性进行检查</td><td>2</td></tr>
<tr><td rowspan="5">拆装与检查方法</td><td colspan="4">拆装程序和拆装范围符合要求(拆装程序根据具体机器确定)</td><td>4</td><td rowspan="5">20</td></tr>
<tr><td colspan="4">拆装过程中要注意查找或标记拆装标志</td><td>4</td></tr>
<tr><td colspan="4">合理运用各种形式的拆装技术</td><td>4</td></tr>
<tr><td colspan="4">合理进行拆卸机件表面的清洁，掌握正确的清洗方法</td><td>4</td></tr>
<tr><td colspan="4">按要求对机件进行各种检查，检查方法正确、合理，检查结果正确</td><td>4</td></tr>
<tr><td rowspan="4">操作结果</td><td colspan="4">能按要求顺利完成气缸盖的拆装及检查</td><td>4</td><td rowspan="4">10</td></tr>
<tr><td colspan="4">拆装过程中，能按机件拆装顺序以及特殊要求摆放零部件</td><td>2</td></tr>
<tr><td colspan="4">检查结果符合机件本身的状态</td><td>2</td></tr>
<tr><td colspan="4">在规定时间内完成</td><td>2</td></tr>
<tr><td rowspan="3">安全注意事项</td><td colspan="4">作业过程中，被评估人员穿着正确，做好个人安全防护</td><td>4</td><td rowspan="3">10</td></tr>
<tr><td colspan="4">作业过程中，注意场地周围环境及人员的安全</td><td>2</td></tr>
<tr><td colspan="4">作业过程中，注意保护设备、零部件以及使用工具的安全</td><td>4</td></tr>
</table>

## 四、项目评估要素

1. 气缸盖的拆卸。
2. 气缸盖底面烧蚀检查。
3. 液压试验法检查缸盖裂纹。
4. 气缸盖的安装。

## 五、项目评估内容

### 任务 气缸盖的拆卸与安装

**【任务描述】**

按标准程序拆卸气缸盖，应用液压试验法检查气缸盖部件。确认各部件完好，并按程序装复。

**【知识准备】**

1. 气缸盖结构知识

(1)气缸盖附件：示功阀，摇臂架，喷油器(进油管、回油管、冷却油管)，气缸启动阀，进、排气阀。

(2)气缸盖通道：冷却水系统，进、排气通道，启动系统，燃油系统。

2. 气缸盖常见的损坏形式与修理

(1)损坏形式

气缸盖常见的损坏形式主要有底面和冷却面的裂纹、底面高温烧蚀。

(2)气缸盖裂纹现象的判断

可根据下列现象判断燃烧室组成零件有无穿透性裂纹。

①柴油机运转中，轮机员可根据气缸或活塞冷却水压力表指针的波动或膨胀水柜水位的上下波动判断零件有无穿透性裂纹。因为当气缸盖或气缸套有穿透性裂纹时，燃烧室中的高压燃气就会沿裂缝进入冷却水腔，使冷却水系统的压力升高，压力表指针的读数增大，膨胀水柜的水位升高。当气缸排气后的压力低于冷却水的压力时，冷却水自裂缝进入气缸，造成冷却水大量泄漏，压力急剧降低，压力表指针的读数和膨胀水柜的水位迅速降低。此外，还可从冷却水温度升高，淡水消耗量增加，扫气箱有水流出，膨胀水柜的透气管有气泡冒出和冷却水中有油星等现象进一步判断。至于是燃烧室中哪个组成零件裂穿，则需进一步检查。

②启动前进行冲车和转车时，如发现从示功阀处有水汽或水珠喷出，表明燃烧室零件有穿透性裂纹或喷油器冷却水泄漏。

③曲轴室润滑油油位异常增加或润滑油中水分明显增加，或润滑油乳化变质，均表明燃烧室组件可能有穿透性裂纹。

(3)气缸盖产生裂纹的原因

操作管理不当；维护保养不良。

(4)气缸盖裂纹的检查方法

观察法、无损探伤法(如渗透探伤、磁粉探伤、超声探伤)、水压试验法。

(5)气缸盖裂纹的修理方法

气缸盖上的穿透性裂纹和关键部位的严重裂纹都必须采用换新办法处理。如果船上无备件,则只能采用封缸办法,实行减缸航行的应急措施。

常用方法:波浪键(螺钉密封扣合法)、焊补、镶套修理、胶黏剂修理、覆板法修理。

3.气缸盖拆卸的技术要求和安全规则

(1)拆装时应为后面的检修和装配作准备,注意机件之间的配合关系和相对位置,必要时在零件上做记号。注意观察各种损坏的迹象,必要时应保护现场以利于进行故障分析,为检修提供依据,为顺利装配打下基础。

(2)根据确定的检修范围进行拆卸,不要随意扩大拆卸的范围。

(3)对有记号和安装方向要求的零部件,应按原来的要求装配,不得装错或装反。

(4)防止漏装,一旦发现漏装立即查找漏装的部位。在装配过程中,随时检查部件的灵活性和密封性,避免重装、反装。

(5)气缸头垫片要换新的,若继续使用,要退火处理。其他纸质、软木、石棉等垫片和橡胶密封圈原则上也要换新的。

**【操作步骤】**

1.气缸盖的拆卸

(1)柴油机手柄放在停车位置,确保油、水、气、电等处于关闭状态。

(2)拆除气缸头的附件,包括进、排气管螺栓,冷却水管螺栓,示功阀,空气管,高压油管,喷油器冷却油管,喷油器,摇臂油管,进气缸启动阀空气管等。

(3)拆除气缸头的锁紧螺栓,包括拆掉缸头罩固定螺栓取下缸头罩,拆掉摇臂固定螺栓取下摇臂架、顶杆。用专用工具对角松开缸头螺栓,去掉螺母。注意把螺母做标记,以保证安装时不改变螺栓、螺母的配合关系。

(4)用专用工具(重环、钢丝、起重葫芦等)将缸头缓慢起吊,注意人员配合和安全。注意保护缸盖螺栓螺纹,避免碰伤。

(5)将缸头放在专用工具上固定好。注意保护缸盖工作面。

(6)缸套孔用木板盖住,高压油泵出油口用布包扎住,防止落入灰尘及污物,附件管口朝上的油路、水路管口用木塞封住。

2.气缸盖的安装

(1)清洁缸套和气缸盖密封面,装复缸头垫及冷却水管O形圈,检查活塞顶部,确保无遗留杂物。

(2)安装好吊具,慢慢吊起缸盖,放于气缸套顶部。在下放时注意将缸盖扶平、扶正、扶稳后慢慢放下,避免碰坏缸头螺栓。

(3)将缸头螺母交叉、对称、均匀上紧至说明书规定力矩。

(4)装复缸头附件(先内后外)。先装顶杆、摇臂架(缸头罩);再装喷油器、高压油管、油头冷却油管、缸头冷却水管、控制空气管、启动空气管,后装排烟管、进气管及示功阀等。

3. 气缸盖的检查要点

(1)检查气缸盖与气缸套的密封面是否平整。

(2)气缸盖底面烧蚀检查。气缸盖底面烧蚀时，底面会因金属层层剥落而逐渐变薄，并且出现麻点，其大小、深浅及分布各异。气缸盖底面烧蚀将使其强度降低。检修人员可凭肉眼或放大镜进行检查。如果烧蚀面积太大或麻点太深，超过说明书或有关规范要求，气缸盖应该修理或换新。

(3)液压试验法检查缸盖裂纹。用专用堵头或木塞堵住缸盖冷却水进口；从缸盖冷却水出口向冷却水腔灌满淡水；把液压试验用的带压力表的压缩空气接管连接到缸盖冷却水出口；通入 0.7MPa 的压缩空气，关闭压缩空气进口阀，检查压缩空气表压力是否能历时 5min 不下降；取下试验工具，放净缸盖冷却水腔的水。

(4)检查冷却水腔的情况。

**【任务报告单】**

| 班级 | | 学时 | | 模块 | |
|---|---|---|---|---|---|
| 姓名 | | 所在组号 | | 任务成绩 | |
| 实训设备 | | 实训场地 | | 日期 | |
| 任务内容 | | | | | |
| 任务目标 | | | | | |

一、训练程序

二、决策与计划

三、实施

四、评估

1. 请根据自己任务完成的情况，对自己的工作进行自我评估，并提出改进意见。

2. 老师对小组工作情况进行评估，并进行点评。

3. 学员成绩

本次任务的成绩：________________。

# 项目二 气阀机构的拆装与检查，气阀的研磨与密封面检查，气阀间隙、气阀定时的测量与调整

## 一、项目评估目标

(一)知识目标

1. 了解气阀拆装的技术要求、安全规则。
2. 掌握气阀拆装的工具选取及使用方法。
3. 掌握气阀的结构、部件组成及工作原理。

(二)能力目标

1. 熟练掌握气阀机构的拆装程序。
2. 熟练掌握气阀的研磨与密封面检查的操作程序与方法。
3. 熟练掌握气阀间隙、气阀定时的测量。

(三)素质目标

1. 通过气阀机构拆装的练习，培养学生团队协作的意识。
2. 通过气阀机构部件检查的训练，培养学生分析问题、解决问题的能力。
3. 通过气阀机构拆装的练习，培养学生的安全意识。

## 二、项目评估的重点与难点

(一)重点

1. 气阀机构的拆卸与装配。
2. 气阀研磨及密封性检查。
3. 气阀间隙的检查和调整。
4. 气阀定时的检查和调整。

(二)难点

1. 气阀研磨及密封性检查。
2. 气阀间隙的检查和调整。
3. 气阀定时的检查和调整。

## 三、项目评估标准

| 科目 | 动力设备拆装 | 等级 | 750kW 及以上船舶二/三管轮 | 时间 | 30 分钟 |
|---|---|---|---|---|---|
| 操作题目 | 气阀机构的拆装与检查，气阀的研磨与密封面检查 | | | | |
| 评估要求 | | | | 分值 | |
| 工具、量具的选择与使用 | 能正确选择及使用相应的专用工具、普通工具和量具 | | | 4 | 10 |
| | 工具、量具选择规格适合 | | | 4 | |
| | 选择、使用工具、量具过程中，注意对工具和量具的完好性进行检查 | | | 2 | |
| 拆装、检查及研磨 | 拆装程序和拆装范围符合要求(拆装程序根据具体机器确定) | | | 5 | 20 |
| | 拆装过程中要注意查找或标记拆装标志 | | | 5 | |
| | 气阀研磨的方法和工具使用合理 | | | 5 | |
| | 采用合适方法正确检查气阀的密封面 | | | 5 | |
| 操作结果 | 能按要求顺利完成各项拆装及检查作业 | | | 4 | 10 |
| | 拆装过程中，能按机件拆装顺序以及特殊要求摆放零部件 | | | 2 | |
| | 检查结果符合机件本身的状态，能够正确调整气阀定时 | | | 2 | |
| | 在规定时间内完成 | | | 2 | |
| 安全注意事项 | 作业过程中，被评估人员穿着正确，做好个人安全防护 | | | 4 | 10 |
| | 作业过程中，注意场地周围环境及人员的安全 | | | 2 | |
| | 作业过程中，注意保护设备、零部件以及使用工具的安全 | | | 4 | |

<table>
<tr><td>科目</td><td>动力设备拆装</td><td>等级</td><td>750kW 及以上船舶二/三管轮</td><td>时间</td><td colspan="2">30 分钟</td></tr>
<tr><td>操作题目</td><td colspan="6">气阀间隙的测量与调整</td></tr>
<tr><td colspan="5">评估要求</td><td colspan="2">分值</td></tr>
<tr><td rowspan="3">工具、量具的选择与使用</td><td colspan="4">能正确选择及使用相应的专用工具、普通工具和量具</td><td>4</td><td rowspan="3">10</td></tr>
<tr><td colspan="4">工具、量具选择规格合适</td><td>4</td></tr>
<tr><td colspan="4">选择、使用工具、量具过程中，注意对工具和量具的完好性进行检查</td><td>2</td></tr>
<tr><td rowspan="3">气阀间隙的测量与调整</td><td colspan="4">盘车确定适当位置</td><td>6</td><td rowspan="3">20</td></tr>
<tr><td colspan="4">按正确方法进行测量</td><td>7</td></tr>
<tr><td colspan="4">按正确方法进行分析计算</td><td>7</td></tr>
<tr><td rowspan="2">操作结果</td><td colspan="4">调整结果符合要求</td><td>5</td><td rowspan="2">10</td></tr>
<tr><td colspan="4">在规定时间内完成</td><td>5</td></tr>
<tr><td rowspan="3">安全注意事项</td><td colspan="4">作业过程中，被评估人员穿着正确，做好个人安全防护</td><td>4</td><td rowspan="3">10</td></tr>
<tr><td colspan="4">作业过程中，注意场地周围环境及人员的安全</td><td>2</td></tr>
<tr><td colspan="4">作业过程中，注意保护设备、零部件以及使用工具的安全</td><td>4</td></tr>
</table>

<table>
<tr><td>科目</td><td>动力设备拆装</td><td>等级</td><td>750kW 及以上船舶二/三管轮</td><td>时间</td><td colspan="2">30 分钟</td></tr>
<tr><td>操作题目</td><td colspan="6">气阀定时的测量与调整</td></tr>
<tr><td colspan="5">评估要求</td><td colspan="2">分值</td></tr>
<tr><td rowspan="3">工具、量具的选择与使用</td><td colspan="4">能正确选择及使用相应的专用工具、普通工具和量具</td><td>4</td><td rowspan="3">10</td></tr>
<tr><td colspan="4">工具、量具选择规格合适</td><td>4</td></tr>
<tr><td colspan="4">选择、使用工具、量具过程中，注意对工具和量具的完好性进行检查</td><td>2</td></tr>
</table>

续表

| | | | |
|---|---|---|---|
| 气阀间隙的测量与计算 | 盘车确定适当位置 | 6 | 20 |
| | 按正确方法进行测量 | 7 | |
| | 按正确方法进行分析计算 | 7 | |
| 操作结果 | 调整结果符合要求 | 5 | 10 |
| | 在规定时间内完成 | 5 | |
| 安全注意事项 | 作业过程中，被评估人员穿着正确，做好个人安全防护 | 4 | 10 |
| | 作业过程中，注意场地周围环境及人员的安全 | 2 | |
| | 作业过程中，注意保护设备、零部件以及使用工具的安全 | 4 | |

## 四、项目评估要素

1. 气阀机构的拆卸。
2. 气阀研磨及密封性检查。
3. 气阀机构的装配。
4. 气阀间隙的检查和调整。
5. 气阀定时的检查和调整。

## 五、项目评估内容

### 任务一　气阀机构的拆装与检查、气阀的研磨及密封面检查

**【任务描述】**

从气缸盖上拆下气阀机构，检查各部件情况；将气阀按要求进行研磨，再进行密封性检查；最后按要求装配气阀机构。

**【知识准备】**

1. 气缸盖上的七孔

气缸盖上的七孔包括两进气孔、两排气孔、启动空气孔、喷油孔、示功阀孔、进气阀孔、排气阀孔。

2. 阀面和阀座的配合方式

气阀的阀面与阀座在座面的配合有三种方式，如图 1 所示。

图 1(a)为全接触式，阀面与座面锥角相等。全接触式接触面大、耐磨、传热好，但易结炭，敲击产生麻点。它多用在小型高速柴油机上。阀线宽度一般为 1.5～2.5mm。

图1(b)为外接触式，阀面锥角比座面锥角小0.5°～1°。这种方式接触面小，密封性好，阀面与座面内侧不与燃烧时的气体接触。阀盘在高压燃气作用下发生拱腰变形会使内侧阀面与座面接触，减小了接触应力，增加了散热。它多用在强载中速机中。

图1(c)为内接触式，阀面锥角比座面锥角大0.2°～0.5°。这种方式接触面小，密封性好。接触面因离燃烧室远，温度低，钒、钠的腐蚀小。阀盘在高温和高压燃气作用下会发生周边翘曲的热变形和机械变形，使外侧阀面与座面接触。这样，减小了接触应力，增加了阀盘散热。它多用在长行程低速柴油机中。

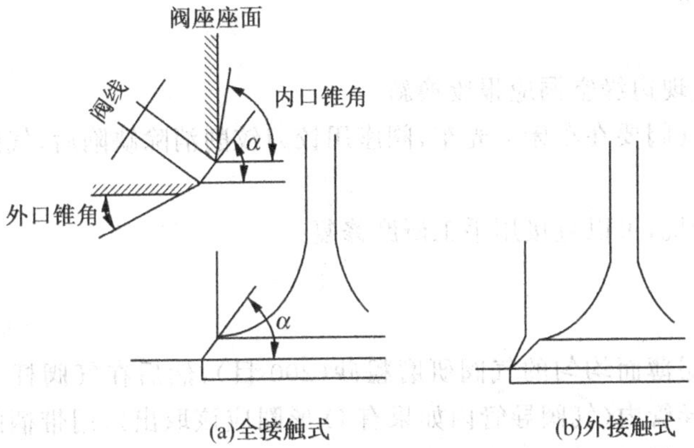


图1 阀与阀座的配合方式

在气阀的结构中，阀面锥角 $\alpha$ 是一个重要的参数。阀面锥角 $\alpha$ 增大，则气阀对中性好，密封性好，但磨损较大。通常 $\alpha$ 为30°或45°。

3.气阀弹簧

气阀弹簧的作用是当摇臂抬起时使气阀关闭。大多数柴油机中，每个气阀都装有内、外两根弹簧。这样在满足总的弹簧负荷要求下，每根弹簧的负荷就可以小一些，使其所受的应力低，提高其抗疲劳能力。此外，两根弹簧由于自振频率不同，互相干扰，可以起到减振的作用。为了防止一根弹簧断裂后卡进另一根弹簧中，两根弹簧的旋向应相反，这样还可以减少气阀在开关时由于弹簧产生扭转而发生的自动研磨。此外，采用两根弹簧还可以增加工作的可靠性。

**【操作步骤】**

1.气阀机构的拆卸与装配

(1)拆卸步骤

①拆下摇臂座。

②用拆装气阀的专用工具进行拆装，慢慢压下气阀弹簧，直至能顺利取出气阀半环(锥形卡块)为止。

③取出半环，拿下弹簧上承座、弹簧、下承座。

④用专用磨台架将气缸盖翻转倒置，取出气阀。注意做标记，记下气阀与阀座的装配位置，防止研磨和安装时弄错。

⑤将气阀放在轻柴油或煤油里浸泡一段时间，然后清洗干净，并按原顺序将各缸、各

阀对应放置，以备检查和研磨。

(2)装配步骤

①清洗并用压缩空气吹进、排气阀阀座和气道，气阀导管要特别清洁干净。

②安装气阀时，注意进、排气阀不要装反，气阀弹簧旋向要相反。

③安装气阀时，要特别注意气阀导管与阀杆有无卡滞，可加适量润滑油润滑。如有O形圈，要换新。

④安装气阀时，注意半环不要错位。装复后试压弹簧，观察气阀回位关闭情况。

2.气阀研磨与密封面检验

(1)检查阀座和阀盘

①如果烧蚀严重，阀面出现边缘空洞应报废换新。

②如果出现烧蚀、磨损，气阀要在车床上光车，阀座用铰刀铰削消除缺陷后，气阀和阀座要进行互研。

③如果出现麻点、微小凹坑，可以直接用手工研磨修复。

(2)研磨

①粗研

首先在气阀锥面上抹一层薄而均匀的气阀研磨粗砂(200目)，然后在气阀杆上涂抹机油将气阀插入对应的气阀导管内(气阀导管内如果有O形圈应该取出)，用带柄的橡胶皮碗将气阀吸住后上下敲击和慢慢旋转，即在气阀敲击提起的同时，慢慢转动皮碗手柄，使气阀能慢慢转动，敲击阀座，以保证研磨均匀。当气阀密封锥面上不再有麻点和凹坑时，可以将粗研磨砂擦净。

②细研

粗研后，再用细研磨砂(600目)继续研磨，直至气阀密封锥面上出现一条连续、整齐、发光的密封环带时，可将细研磨砂擦去。一般进气阀阀线为1.5～2mm，排气阀阀线为2～3mm。如果阀线过宽，则密封性不好；如果阀线过窄，则工作寿命不长。

③精研

将细砂擦去，再用机油继续研磨，以达到进一步的密合。研磨时，注意不要将研磨砂弄到阀杆和导管之间，以免造成拉毛和正常间隙被破坏。研磨工序完毕后，应将气阀、气阀座、气阀导管及进、排气阀用轻柴油仔细清洗干净，决不能有任何残留。

(3)气阀密封性检查

①煤油试漏法

将磨好的气阀装复，然后在气阀下沉处(阀窝)注入煤油或轻柴油，5min后擦净煤油并迅速提起气阀，观察配合面上有无渗入的煤油。如果没有渗漏现象，则表明密封性良好。将气阀和气阀弹簧装复，然后在进气道和排气道孔注入煤油，历时3～5min无渗漏现象，则表明密封性良好。

②铅笔画线法

在气阀密封锥面上沿圆周方向用2B铅笔每隔3～5mm画线，然后将气阀装入阀座，压住阀盘并转动1/4圈。取下气阀，观察上面的铅笔线，若环带部分全部从中间断开，表明密封良好。

③红铅油法

在气阀阀座阀线处均匀地涂一薄层红铅油，然后把气阀装入阀座压紧，再取下气阀观察。若气阀阀线处均匀地被红铅油着色，说明密封良好。

**【任务报告单】**

| 班级 | | 学时 | | 模块 | |
|---|---|---|---|---|---|
| 姓名 | | 所在组号 | | 任务成绩 | |
| 实训设备 | | 实训场地 | | 日期 | |
| 任务内容 | | | | | |
| 任务目标 | | | | | |

一、训练程序

二、决策与计划

三、实施

四、评估

1. 请根据自己任务完成的情况，对自己的工作进行自我评估，并提出改进意见。

2. 老师对小组工作情况进行评估，并进行点评。

3. 学员成绩

本次任务的成绩：＿＿＿＿＿＿＿＿。

## 任务二　气阀间隙、气阀定时的测量与调整

**【任务描述】**

测量气阀间隙、气阀定时，与标准值比对，发现偏差并进行调整。

**【知识准备】**

1. 气阀间隙的概念及对定时的影响

(1)气阀间隙

冷车时在机械式气阀传动机构中，要在摇臂端和气阀阀杆之间留有一定的间隙，以便柴油机运转时气阀机构受热后有膨胀的余地。若气阀间隙过小，则气阀受热后会关闭不严；若间隙过大，则除影响气阀定时（晚开、早关）外，还会使撞击严重，造成大的噪声和磨损。因为温度高、尺寸大时，气阀膨胀的数值也大，所以排气阀比进气阀、增压机比非增压机、大型机比小型机的气阀间隙大。

(2)柴油机气阀间隙的检查和调整

柴油机组装好后或配气机构检修后，都要检查和调整气阀间隙。柴油机在工作过程中，由于配气机构各零件的磨损及调整螺钉的松动，都会引起气阀间隙的变化，应定期检查和调整气阀间隙。

检查和调整的方法如下（以 6160A 柴油机为例）：

①逐缸调整法：按曲轴工作转向转动飞轮，注意观察靠近飞轮的第六缸进、排气阀的推杆，当发现两推杆同时上下移动时，就表示第六缸处于进、排气阀重叠角的状态，停止转车。此时第一缸活塞处于压缩冲程的过程，进、排气阀都在关闭状态。此时即可用塞尺检查、调整第一缸进、排气阀间隙。

判断气阀关闭状态的方法还有以下两种：

a. 可通过高压喷油泵泵体上的直槽观察孔，观察到油泵柱塞或导程筒正在上行的过程中，油泵对应的该缸气阀处于关闭状态。

b. 可打开道门检查顶柱滚轮是否落在凸轮基圆上，是的话表示气阀处于关闭状态。

再顺曲轴工作转向转动飞轮，每经过一个发火间隔角（本例为 120°曲柄转角），按发火顺序（1—5—3—6—2—4）可检查下一缸的进、排气阀间隙。在飞轮转动两圈内按顺序完成对六个气缸的进、排气阀间隙的检查和调整。

②两次盘车调整法：顺曲轴工作转向盘车转动飞轮，使第一缸活塞处于压缩冲程的上止点附近。其判断方法与逐缸调整法第一步相同。此时可同时检查、调整第一缸的进排、第二缸的进、第三缸的排、第四缸的进、第五缸的排的各缸气阀间隙。在检查、调整上列各缸气阀间隙后，第二次盘车转动飞轮一圈（360°），当第六缸处于压缩冲程上止点时，可调整第六缸的进排、第五缸的进、第四缸的排、第三缸的进、第二缸的排的气阀间隙。

③对于一般的六缸柴油机，可按照“前进后排、本缸调进排”方式检查、调整。具体方法是：按各缸发火顺序进行，先于发火缸的缸号可以调整进气阀间隙；后于发火缸的缸号可以调整排气阀间隙，正在发火的气缸，进、排气阀均可调整；进、排气阀在重叠角的气缸，进、排气阀均不可调整。

【操作步骤】

1.盘车使调节缸顶杆的滚轮落在凸轮的基圆上。

2.用梅花扳手和螺丝刀旋松摇臂端调节螺栓的锁紧螺母。把摇臂压紧在顶杆上，用厚薄规测量气阀间隙。以雅马机(6200)为例：进气阀间隙为 0.3mm(使用 0.35mm 的塞尺不能插入，而用 0.25mm 的塞尺太松)；排气阀间隙为 0.4mm。

3.用规定的气阀间隙厚度的塞尺插入摇臂与气阀杆头部之间，用螺丝刀拧动调节螺钉，同时拖动塞尺，当塞尺移动感到稍有阻力但又不太紧时，表示间隙值合乎规定的要求。

4.用螺丝刀止住调节螺钉，使之不能转动，把锁紧螺母拧紧，再拖动塞尺复验松紧程度是否变化，直到完全合格为止。所测数值与规定值相比较，如果太大，用扳手松开锁紧螺母，用一字形螺丝刀顺时针旋转调节螺钉；反之，则逆时针调节。多次测量、调整正确后，拧紧锁紧螺母。最后再检查一次。

【任务报告单】

| 班级 | | 学时 | | 模块 | |
| --- | --- | --- | --- | --- | --- |
| 姓名 | | 所在组号 | | 任务成绩 | |
| 实训设备 | | 实训场地 | | 日期 | |
| 任务内容 | | | | | |
| 任务目标 | | | | | |

一、训练程序

二、决策与计划

三、实施

四、评估

1. 请根据自己任务完成的情况，对自己的工作进行自我评估，并提出改进意见。

2. 老师对小组工作情况进行评估，并进行点评。

3. 学员成绩

本次任务的成绩：________________。

# 项目三　气缸套的拆装与测量，圆度和圆柱度的计算

## 一、项目评估目标

(一)知识目标

1.了解气缸套拆装的技术要求、安全规则。

3.掌握气缸套拆装的工具选择及使用方法。

3.掌握气缸套的结构、部件组成及工作原理。

(二)能力目标

1.熟练掌握气缸套的拆装程序。

2.熟练掌握气缸套的测量方法。

3.熟练掌握气缸套圆度和圆柱度的计算方法。

(三)素质目标

1.通过气缸套拆装的练习，培养学生团队协作的意识。

2.通过气缸套测量的训练，培养学生分析问题、解决问题的能力。

3.通过气缸套拆装的练习，培养学生的安全意识。

## 二、项目评估的重点与难点

(一)重点

1.气缸套的拆卸。

2.气缸套的磨损测量，气缸套圆度和圆柱度的计算。

3.气缸套密封件的预处理和安装。

4.气缸套的安装。

(二)难点

1.气缸套的磨损测量，气缸套圆度和圆柱度的计算。

2.气缸套密封件的预处理和安装。

## 三、项目评估标准

<table>
<tr><td>科目</td><td>动力设备拆装</td><td>等级</td><td>750kW 及以上船舶<br>二/三管轮</td><td>时间</td><td colspan="2">30 分钟</td></tr>
<tr><td>操作题目</td><td colspan="6">气缸套的拆卸与检查</td></tr>
<tr><td colspan="5">评估要求</td><td colspan="2">分值</td></tr>
<tr><td rowspan="3">工具、量具的选择与使用</td><td colspan="4">能正确选择及使用相应的专用工具、普通工具和量具</td><td>4</td><td rowspan="3">10</td></tr>
<tr><td colspan="4">工具、量具选择规格合适</td><td>4</td></tr>
<tr><td colspan="4">选择、使用工具、量具过程中，注意对工具和量具的完好性进行检查</td><td>2</td></tr>
<tr><td rowspan="4">拆卸与检查</td><td colspan="4">拆卸程序和拆卸范围符合要求（拆卸程序根据具体机器确定）</td><td>5</td><td rowspan="4">20</td></tr>
<tr><td colspan="4">拆卸过程中要注意查找或标记拆卸标志</td><td>5</td></tr>
<tr><td colspan="4">合理进行拆卸机件表面的清洁，掌握正确的清洗方法</td><td>5</td></tr>
<tr><td colspan="4">内外表面外观检查</td><td>5</td></tr>
<tr><td rowspan="4">操作结果</td><td colspan="4">能按要求顺利完成气缸套拆卸</td><td>4</td><td rowspan="4">10</td></tr>
<tr><td colspan="4">拆卸过程中，能按机件拆卸顺序以及特殊要求摆放零部件</td><td>2</td></tr>
<tr><td colspan="4">检查结果符合机件本身的状态</td><td>2</td></tr>
<tr><td colspan="4">在规定时间内完成</td><td>2</td></tr>
<tr><td rowspan="3">安全注意事项</td><td colspan="4">作业过程中，被评估人员穿着正确，做好个人安全防护</td><td>4</td><td rowspan="3">10</td></tr>
<tr><td colspan="4">作业过程中，注意场地周围环境及人员的安全</td><td>2</td></tr>
<tr><td colspan="4">作业过程中，注意保护设备、零部件以及使用工具的安全</td><td>4</td></tr>
</table>

<table>
<tr><td>科目</td><td>动力设备拆装</td><td>等级</td><td>750kW 及以上船舶<br>二/三管轮</td><td>时间</td><td colspan="2">30 分钟</td></tr>
<tr><td>操作题目</td><td colspan="6">气缸套的检查与装配</td></tr>
<tr><td colspan="5">评估要求</td><td colspan="2">分值</td></tr>
<tr><td rowspan="3">工具、量具的选择与使用</td><td colspan="4">能正确选择及使用相应的专用工具、普通工具和量具</td><td>4</td><td rowspan="3">10</td></tr>
<tr><td colspan="4">工具、量具选择规格合适</td><td>4</td></tr>
<tr><td colspan="4">选择、使用工具、量具过程中，注意对工具和量具的完好性进行检查</td><td>2</td></tr>
<tr><td rowspan="4">检查与装配</td><td colspan="4">装配程序符合要求(装配程序根据具体机器确定)</td><td>5</td><td rowspan="4">20</td></tr>
<tr><td colspan="4">装配过程中要注意查找拆装标记</td><td>5</td></tr>
<tr><td colspan="4">合理进行相关装配机件表面的清洁，掌握正确的清洗方法</td><td>5</td></tr>
<tr><td colspan="4">内外表面外观检查</td><td>5</td></tr>
<tr><td rowspan="4">操作结果</td><td colspan="4">能按要求顺利完成气缸套的装配及检查</td><td>4</td><td rowspan="4">10</td></tr>
<tr><td colspan="4">拆装过程中，能按机件装配顺序以及特殊要求装配</td><td>2</td></tr>
<tr><td colspan="4">检查结果符合机件本身的状态</td><td>2</td></tr>
<tr><td colspan="4">在规定时间内完成</td><td>2</td></tr>
<tr><td rowspan="3">安全注意事项</td><td colspan="4">作业过程中，被评估人员穿着正确，做好个人安全防护</td><td>4</td><td rowspan="3">10</td></tr>
<tr><td colspan="4">作业过程中，注意场地周围环境及人员的安全</td><td>2</td></tr>
<tr><td colspan="4">作业过程中，注意保护设备、零部件以及使用工具的安全</td><td>4</td></tr>
</table>

| 科目 | 动力设备拆装 | 等级 | 750kW 及以上船舶二/三管轮 | 时间 | 30 分钟 |
| --- | --- | --- | --- | --- | --- |
| 操作题目 | 气缸套的测量，圆度和圆柱度的计算 | | | | |
| 评估要求 | | | | 分值 | |
| 工具、量具的选择与使用 | 能正确选择及使用相应的专用工具、普通工具和量具 | | | 4 | 10 |
| | 工具、量具选择规格合适 | | | 4 | |
| | 选择、使用工具、量具过程中，注意对工具和量具的完好性进行检查 | | | 2 | |
| 测量、圆度和圆柱度的计算 | 选取合适的测量点 | | | 6 | 20 |
| | 正确使用量具进行气缸套内径的测量 | | | 7 | |
| | 正确进行气缸套圆度、圆柱度的计算 | | | 7 | |
| 操作结果 | 测量、计算结果正确 | | | 5 | 10 |
| | 在规定时间内完成 | | | 5 | |
| 安全注意事项 | 作业过程中，被评估人员穿着正确，做好个人安全防护 | | | 4 | 10 |
| | 作业过程中，注意场地周围环境及人员的安全 | | | 2 | |
| | 作业过程中，注意保护设备、零部件以及使用工具的安全 | | | 4 | |

## 四、项目评估要素

1. 气缸套的拆卸。
2. 气缸套的磨损测量，气缸套圆度和圆柱度的计算。
3. 气缸套密封件的预处理和安装。
4. 气缸套的安装。

## 五、项目评估内容

### 任务一　气缸套的拆卸与安装

**【任务描述】**

对损坏的气缸套进行拆卸，检查各部件情况，换新备用缸套，按要求装配。

**【知识准备】**

1. 气缸套的磨损原因

(1)黏着磨损

黏着磨损又称咬合磨损或熔着磨损,它是指滑动摩擦时摩擦副接触面局部发生金属黏着,在随后相对滑动中黏着处被破坏,有金属屑粒从零件表面被拉拽下来或零件表面被擦伤的一种磨损形式。一般情况下,活塞在上止点时第一道环附近磨损最严重。

(2)磨粒磨损

由外界硬质颗粒或硬表面的微峰在摩擦副对偶表面(气缸套和活塞)相对运动过程中引起表面擦伤与表面材料脱落的现象,称为磨粒磨损。

(3)腐蚀磨损

摩擦副对偶表面在相对滑动过程中,表面材料与周围介质发生化学或电化学反应,并伴随机械作用而引起的材料损失现象,称为腐蚀磨损。

由燃油中硫酸引起的腐蚀称为低温腐蚀或"冷"腐蚀。

2. 拉缸

所谓"拉缸",是指气缸内壁被拉成很深的沟纹,致使活塞、活塞环与气缸壁摩擦副丧失密封性,从而导致气缸压缩压力降低,动力性丧失。可燃混合气下窜使曲轴箱压力增大,严重时会引起曲轴箱爆炸。润滑油上窜到气缸内可引起烧机油现象发生;还会造成排气管冒烟严重,发动机噪声异常等。

拉缸故障的主要原因:发动机冷却系因泄漏、缺水,未能及时补充而造成发动机过热;活塞环断裂,刮伤缸壁;活塞销卡圈脱落,刮伤缸壁;活塞环因积炭卡死在环槽内,丧失密封作用;活塞销凸出,刮伤缸壁;气缸内进入异物;活塞与缸壁配合间隙过小;活塞销装配过紧,引起活塞变形;活塞热变形严重或烧顶熔化;发动机长时间高速或超负荷运转等。

拉缸的征兆:冷却液出口温度增高;听到活塞与缸壁的干摩擦的异常声音;曲柄越过止点位置时都发出敲击声,柴油机的转速会迅速下降或者自动停车;曲柄箱和扫气箱温度升高,甚至有烟冒出;发动机没有力。

3. 气缸套密封件的预处理与安装

安装时应做好清洁,铲除水垢,更换防蚀锌,特别是气缸套与机身密封处更要仔细清洁。缸套上定位凸肩下缘面的紫铜圈要退火。下定位槽装橡胶 O 形圈时,O 形圈不能扭曲,同时应涂抹肥皂水等润滑剂。

**【操作步骤】**

1. 气缸套的拆卸

气缸套的拆卸是在气缸盖及活塞连杆组件拆卸后进行的。将专用的拉马安装在缸套上;用起吊工具将气缸套拉出来,然后吊离机体,放在合适的位置。

2. 气缸套的安装

吊进机身时应检查缸套上端有无定位唇,如有定位唇应对准机身的定位口进行安装。使用专用工具压板,利用盖头螺柱、盖头螺母对称压到位。在有条件的情况下做水压试验,检查有无漏水现象。

**【任务报告单】**

| 班级 | | 学时 | | 模块 | |
|---|---|---|---|---|---|
| 姓名 | | 所在组号 | | 任务成绩 | |
| 实训设备 | | 实训场地 | | 日期 | |
| 任务内容 | | | | | |
| 任务目标 | | | | | |

一、训练程序

二、决策与计划

三、实施

四、评估

1. 请根据自己任务完成的情况，对自己的工作进行自我评估，并提出改进意见。

2. 老师对小组工作情况进行评估，并进行点评。

3. 学员成绩

本次任务的成绩：________________。

# 任务二　气缸套的测量，圆度和圆柱度的计算

**【任务描述】**

测量气缸套的磨损情况，计算圆度和圆柱度。

**【知识准备】**

量缸表的使用

首先应确定缸径公称尺寸的范围，选择量程在测量范围内的外径千分尺。擦净外径千分尺的两边测头。使用随尺提供的校准棒检验外径千分尺。微分筒“0”刻度线应与固定套筒上的水平线重合，同时微分筒边缘应与固定套筒上的“0”线的右边缘恰好相切。如果“0”位校准不对，要重新调整。调整方法是：先松开固定套筒上的顶丝，用外径千分尺自带的专用小扳手插入固定套筒“0”线背面的小孔，扳动固定套筒，使固定套筒水平线和微分筒的“0”刻线对准，然后紧固顶丝。如果“0”位校准时相差 2 丝以内，则可用消除误差的方法进行误差消除。将外径千分尺两测头距离调至缸径的公称尺寸，锁住微分筒保持此距离，再进行内径量表的装配和调制。

按所要测量的缸径选用合适的固定端测头，使需要测量的缸径值在活动测头与固定端测头两端距离的范围内。将固定端测头外螺纹端装入滚花螺母后拧入三通管的螺孔中，旋动固定端测头，调节到两边测头间距比缸径公称值大 1～2mm 为宜，拧紧滚花螺母紧固测头。

将百分表装到表杆上，使百分表指针有约 0.5mm 的读数，将固定百分表卡箍的紧固螺栓适当拧紧。

将内径百分表放入已调整好缸径值的外径千分尺的两测头标准距离内，并注意放正；用手转动百分表面，使大指针对准“0”位，并记下百分表小指针的读数，再复查一下固定端测头是否紧固。

**【操作步骤】**

1. 气缸套的测量

(1)用右手握住内径百分表的表杆(握住表杆上胶木部位)，左手两指使表的定心架压在气缸套内壁面，可使固定端测头进入气缸内。

(2)将定心架放在要测量的部位，右手握住表杆前后稍做摆动。这样，固定端测头沿缸套母线略做上下移动，观察表杆摆动时表面大指针的偏转，应使表杆向表针转动的减值方向摆动。当表面大指针刚要反转时，表杆立即停止摆动，这时百分表的读数为内径的相应尺寸。

(3)记下百分表上的读数，与气缸直径公称尺寸或上次测量数值进行比较，可得到该测量部位的实际尺寸或相对磨损量。

(4)根据同一气缸套不同部位的测量结果，可得到气缸套直径的不同数值。

2. 气缸套磨损量和圆度、圆柱度的计算

(1)量缸表的装配和调校

①按所要测量的缸径选用合适的可换量头，旋动可换量头，调到量头间距比缸径尺寸

值大 1～2mm，拧紧滚花螺母紧固可换量头。

②将表头装入表杆顶孔中，预压 1～2mm 后将表顶杆外的紧固螺栓适当拧紧。

(2)测量部位

测量气缸套内径是在沿气缸套纵向几个确定的测量点的横截面上测量首尾方向($Y$—$Y$，即平行曲轴方向)和左右方向($X$—$X$，即垂直曲轴方向)的气缸直径，如图 2 所示。

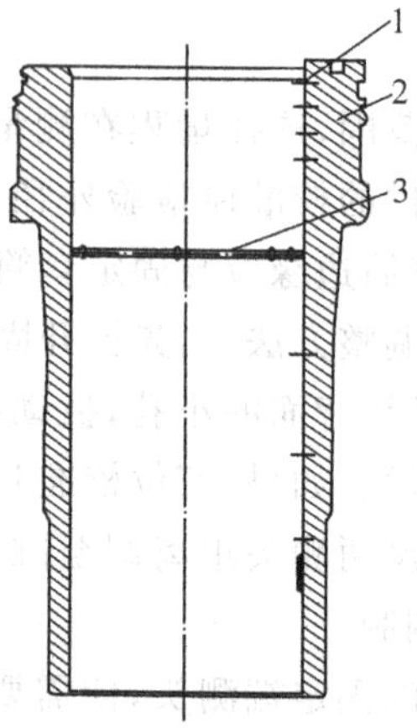


图 2　RTA 38/48 型柴油机气缸套测量部位

1—样板　2—气缸套　3—内径千分尺

中、小型四冲程筒形活塞式柴油机如无测量用的定位样板，又缺少说明书等资料时，可参考以下四个位置进行气缸套磨损测量：

①当活塞位于上止点时，第一道活塞环对应的气缸壁位置。

②当活塞位于行程中点时，第一道活塞环对应的气缸壁位置。

③当活塞位于行程中点时，末道刮油环对应的气缸壁位置。

④当活塞位于下止点时，末道刮油环对应的气缸壁位置。

还可以根据气缸套磨损规律在以下部位测量缸径：

①当活塞位于上止点时，第一道活塞环对应的气缸壁位置。

②第一道环分别在活塞行程的 10%、50%和 100%的位置。

大型二冲程柴油机气缸套磨损测量部位一般在柴油机说明书中有明确规定，并有随机测量用的定位样板。测量时，只需将样板分别安放在气缸套的首尾方向和左右方向的位置上，依样板上的定位孔确定的各测量截面，测量其相互垂直的两个缸径。

(3)圆度、圆柱度的计算

圆度：指半径差为公差的两个同心圆之间的区域。圆度是用来限制回转零件“横截面”的几何形状误差。圆柱度：指半径差为公差的两个同心圆柱间的区域。圆柱度是用来限制回转零件“纵截面”的几何形状误差。

圆度计算：测量气缸套内径时，在沿气缸套纵向、4 个确定的测量点的横截面上测量首尾方向($Y$—$Y$，即平行曲轴方向)和左右方向($X$—$X$，即垂直曲轴方向)的气缸直径。测量值分别为 $X_1,Y_1;X_2,Y_2;X_3,Y_3;X_4,Y_4$。计算 4 个点的差值即为圆度。

$(X_1-Y_1)/2=A$，$(X_2-Y_2)/2=B$，$(X_3-Y_3)/2=C$，$(X_4-Y_4)/2=D$

圆柱度计算：$(X_{max}-X_{min})/2=E$，$(Y_{max}-Y_{min})/2=F$

**【注意事项】**

1.注意测量值读数要根据大指针离开“0”位的格数和指针偏转方向来决定。百分表大指针每偏转1格为0.01mm。偏差的正负可在测量前用手按动活动测头观察大指针的转动方向来确定：用手按动活动测头，若大指针顺时针转，则当表杆在缸内摆动时，指针按逆时针方向偏转，即实际测量尺寸为正偏差。反之，指针按顺时针方向偏转，为负偏差。

2.不允许用内径百分表、内径量缸表、外径千分尺测量粗糙表面或有明显凹凸不平的表面或毛坯件。也不能让百分表受剧烈振动或撞击，以免造成损坏。

3.使用内径量表或千分尺的过程中，要严防水、油和灰尘渗入表内，测量杆上也不要加油，以免附着灰尘，影响表的灵敏性。

4.在观察表的读数时，视线应与表盘相垂直。

5.内径量表使用完毕后，应先从表杆上卸下百分表，再拆下固定端测头、螺母等，擦干净后置于盒内妥善保存，以防止随意碰撞而损坏。

**【任务报告单】**

| 班级 | | 学时 | | 模块 | |
|---|---|---|---|---|---|
| 姓名 | | 所在组号 | | 任务成绩 | |
| 实训设备 | | 实训场地 | | 日期 | |
| 任务内容 | | | | | |
| 任务目标 | | | | | |

一、训练程序

二、决策与计划

三、实施

四、评估

1.请根据自己任务完成的情况,对自己的工作进行自我评估,并提出改进意见。

2.老师对小组工作情况进行评估,并进行点评。

3.学员成绩

本次任务的成绩:________________。

# 项目四　活塞组件的拆装与解体，活塞的测量与圆度和圆柱度的计算，活塞销及连杆小端轴承间隙的测量

## 一、项目评估目标

(一)知识目标

1.了解活塞组件拆装、解体的技术要求、安全规则。

2.掌握活塞组件拆装、解体的工具选取及使用方法。

3.掌握活塞组件的结构、部件组成及工作原理。

(二)能力目标

1.熟练掌握活塞组件拆装、解体的程序。

2.熟练掌握活塞的测量与圆度和圆柱度的计算。

3.熟练掌握活塞销及连杆小端轴承间隙的测量。

(三)素质目标

1.通过活塞组件拆装的练习，培养学生团队协作的意识。

2.通过活塞销及连杆小端轴承间隙测量的训练，培养学生分析问题、解决问题的能力。

3.通过活塞组件拆装的练习，培养学生的安全意识。

## 二、项目评估的重点与难点

(一)重点

1.活塞组件的拆装、解体。

2.活塞的测量与圆度和圆柱度的计算。

3.活塞销及连杆小端轴承间隙的测量。

4.活塞组件的装复。

(二)难点

1.活塞的测量与圆度和圆柱度的计算。

2.活塞销及连杆小端轴承间隙的测量。

## 三、项目评估标准

<table>
<tr><td>科目</td><td>动力设备拆装</td><td>等级</td><td>750kW 及以上船舶<br>二/三管轮</td><td>时间</td><td colspan="2">30 分钟</td></tr>
<tr><td>操作题目</td><td colspan="6">活塞连杆组件的拆卸与解体</td></tr>
<tr><td colspan="5">评估要求</td><td colspan="2">分值</td></tr>
<tr><td rowspan="3">工具、量具的选择与使用</td><td colspan="4">能正确选择及使用相应的专用工具、普通工具和量具</td><td>4</td><td rowspan="3">10</td></tr>
<tr><td colspan="4">工具、量具选择规格合适</td><td>4</td></tr>
<tr><td colspan="4">选择、使用工具、量具过程中,注意对工具和量具的完好性进行检查</td><td>2</td></tr>
<tr><td rowspan="3">拆卸与解体</td><td colspan="4">拆卸程序和拆卸范围符合要求(拆卸程序根据具体机器确定)</td><td>6</td><td rowspan="3">20</td></tr>
<tr><td colspan="4">拆卸过程中要注意查找或标记拆装标志</td><td>7</td></tr>
<tr><td colspan="4">合理进行拆卸机件表面的清洁,掌握正确的清洗方法</td><td>7</td></tr>
<tr><td rowspan="3">操作结果</td><td colspan="4">能按要求顺利完成活塞连杆组件的拆装及检查</td><td>4</td><td rowspan="3">10</td></tr>
<tr><td colspan="4">拆装过程中,能按机件拆装顺序以及特殊要求摆放规整</td><td>3</td></tr>
<tr><td colspan="4">在规定时间内完成</td><td>3</td></tr>
<tr><td rowspan="3">安全注意事项</td><td colspan="4">作业过程中,被评估人员穿着正确,做好个人安全防护</td><td>4</td><td rowspan="3">10</td></tr>
<tr><td colspan="4">作业过程中,注意场地周围环境及人员的安全</td><td>2</td></tr>
<tr><td colspan="4">作业过程中,注意保护设备、零部件以及使用工具的安全</td><td>4</td></tr>
</table>

<table>
<tr><td>科目</td><td>动力设备拆装</td><td>等级</td><td>750kW 及以上船舶二/三管轮</td><td>时间</td><td colspan="2">30 分钟</td></tr>
<tr><td>操作题目</td><td colspan="6">活塞连杆组件的装配</td></tr>
<tr><td colspan="5">评估要求</td><td colspan="2">分值</td></tr>
<tr><td rowspan="3">工具、量具的选择与使用</td><td colspan="4">能正确选择及使用相应的专用工具、普通工具和量具</td><td>4</td><td rowspan="3">10</td></tr>
<tr><td colspan="4">工具、量具选择规格合适</td><td>4</td></tr>
<tr><td colspan="4">选择、使用工具、量具过程中,注意对工具和量具的完好性进行检查</td><td>2</td></tr>
<tr><td rowspan="3">活塞连杆组件的装配</td><td colspan="4">装配程序和范围符合要求(装配程序根据具体机器确定)</td><td>6</td><td rowspan="3">20</td></tr>
<tr><td colspan="4">装配过程中要注意查找或标记拆装标志</td><td>7</td></tr>
<tr><td colspan="4">合理进行装配机件表面的清洁,掌握正确的清洗方法</td><td>7</td></tr>
<tr><td rowspan="2">操作结果</td><td colspan="4">能按要求顺利完成活塞连杆组件的装配</td><td>5</td><td rowspan="2">10</td></tr>
<tr><td colspan="4">在规定时间内完成</td><td>5</td></tr>
<tr><td rowspan="3">安全注意事项</td><td colspan="4">作业过程中,被评估人员穿着正确,做好个人安全防护</td><td>4</td><td rowspan="3">10</td></tr>
<tr><td colspan="4">作业过程中,注意场地周围环境及人员的安全</td><td>2</td></tr>
<tr><td colspan="4">作业过程中,注意保护设备、零部件以及使用工具的安全</td><td>4</td></tr>
</table>

<table>
<tr><td>科目</td><td>动力设备拆装</td><td>等级</td><td>750kW 及以上船舶二/三管轮</td><td>时间</td><td colspan="2">30 分钟</td></tr>
<tr><td>操作题目</td><td colspan="6">活塞的测量与圆度和圆柱度的计算,连杆小端轴承间隙的测量</td></tr>
<tr><td colspan="5">评估要求</td><td colspan="2">分值</td></tr>
<tr><td rowspan="3">工具、量具的选择与使用</td><td colspan="4">能正确选择及使用相应的专用工具、普通工具和量具</td><td>4</td><td rowspan="3">10</td></tr>
<tr><td colspan="4">工具、量具选择规格合适</td><td>4</td></tr>
<tr><td colspan="4">选择、使用工具、量具过程中,注意对工具和量具的完好性进行检查</td><td>2</td></tr>
</table>

续表

| | | | |
|---|---|---|---|
| 测量与计算 | 选取合适的测量点 | 6 | 20 |
| | 正确使用量具进行测量 | 7 | |
| | 正确进行圆度、圆柱度的计算 | 7 | |
| 操作结果 | 测量、计算结果正确 | 5 | 10 |
| | 在规定时间内完成 | 5 | |
| 安全注意事项 | 作业过程中,被评估人员穿着正确,做好个人安全防护 | 4 | 10 |
| | 作业过程中,注意场地周围环境及人员的安全 | 2 | |
| | 作业过程中,注意保护设备、零部件以及使用工具的安全 | 4 | |

## 四、项目评估要素

1. 吊出活塞连杆组件。
2. 解体活塞连杆组件(浮动式活塞销)。
3. 组装活塞连杆组件(浮动式活塞销)。
4. 活塞销磨损测量及连杆小端轴承间隙测量。
5. 活塞连杆组件的装复。

## 五、项目评估内容

### 任务一　活塞组件的拆装、解体与装复

**【任务描述】**

将活塞组件从气缸套中吊出,解体活塞组件,检查各部件情况,换新损坏部件,按要求装复。

**【知识准备】**

1. 活塞销

活塞销要传递周期变化的气体力和惯性力,还受到连杆小端和销座的摩擦和磨损。所以要求活塞销有足够的耐疲劳强度,抗冲击韧性,耐磨损以及重量轻。

活塞销多用优质碳钢或低碳合金钢制造,表面渗碳淬火,使表面硬度高而内部韧性好。

活塞销的结构形式有浮动式、固定式和半浮动式。活塞销在连杆小端和销座内部可

以自由转动的称为浮动式活塞销;活塞销固定在连杆小端上的称为半浮动式活塞销;活塞销固定在销座上的称为固定式活塞销。

浮动式活塞销在筒形活塞式柴油机中应用最广。为了防止这种浮动式活塞销从销座中窜动刮伤气缸,可用卡簧对其进行轴向定位。

2.活塞的冷却方式

活塞按散热方式可分为非冷却式活塞和冷却式活塞。

非冷却式活塞(径向散热型):活塞头吸收的热量主要通过活塞环传递给气缸套并通过冷却水带走。

冷却式活塞(轴向散热型):使用冷却介质(如淡水、润滑油)对活塞顶内腔进行强制冷却。为了保证大部分热量为轴向散热,活塞顶采用薄壁结构。此种活塞广泛用于大、中型柴油机。

冷却式活塞的冷却方式可大致分三种:

(1)自由喷射冷却:润滑油在压力作用下经连杆杆身内的输油通道,自上而下经连杆小端上部的喷嘴喷出,冷却活塞顶,然后落入曲轴箱。此种冷却方式多用在强化度不高的小型柴油机中。

(2)循环冷却:借助于专设的冷却机构把压力润滑油送入活塞顶内腔中循环冷却(先周围后中部)。此时需要在活塞顶内设循环腔或埋入蛇形管。此种冷却方式可对活塞顶部进行均匀而有效的冷却,因而应用较广泛。

(3)振荡冷却:此种振荡速度(与活塞平均速度同量级)与冷却液循环流速叠加可产生较大的冷却液速度,加强了冷却液的扰动作用,从而提高了对活塞顶的冷却效果,因而在大、中型强载柴油机上普遍采用。

在筒形活塞中,冷却液的输送方式广泛采用的有两种:一种是在曲轴箱中设置固定的润滑油喷管,喷管对准运动着的活塞冷却腔进口喷射润滑油;另一种是在曲轴、连杆中钻孔,润滑油由主轴承经此孔道送至连杆小端,再经过活塞销和活塞销座中的孔道送至活塞头冷却空间。这两种输送方式中,冷却后的润滑油都泄回曲轴箱。但在十字头式活塞中,冷却液的输送需要由专门的机构来完成,这种专门的冷却液输送机构称为活塞冷却机构,可分为套管式和铰链式两种。铰链式由于密封性不好,仅用于油冷活塞,它的结构比较简单。套管式机构密封性好,但存在着液击现象。

3.连杆

(1)连杆的功用

将作用在活塞上的气体压力和惯性力传给曲轴,并把活塞或十字头与曲轴连接起来,将活塞的往复运动变成曲轴的回转运动。

(2)连杆的受力

在四冲程柴油机中,连杆有时受拉,有时受压,拉压交变。在二冲程柴油机中,连杆是大部分受压的。在增压二冲程柴油机中,连杆始终是受压的。

(3)连杆的材质

在十字头式柴油机中,连杆多用中碳钢。筒形活塞式柴油机连杆采用优质碳钢或合金钢制造。

(4)连杆的截面形状

十字头式柴油机连杆的截面形状为圆柱形。筒形活塞式柴油机连杆的截面形状是工字形。

(5)筒形活塞式柴油机连杆的分类

①平切口式连杆:切口平面与连杆轴线夹角——切口角为 90°。连杆杆身的断面做成工字形可大大提高在连杆摆动平面内的抗弯强度。杆身内部钻有冷却油孔,用来由大端向小端引导润滑油,以冷却活塞和润滑小端轴承。连杆大端为车用大端,在中、高速柴油机中得到了广泛的应用。连杆大端轴承为薄壁三层金属式结构。在薄的钢背上浇以铜铅锡合金。润滑连杆大端的润滑油来自曲轴中的钻孔。

②斜切口式连杆:由于柴油机增压度的进一步提高,曲轴销和连杆大端的尺寸都要增加,为了使连杆仍然能与活塞一起由气缸中吊出,连杆大端做成斜切口的形式。切口平面与连杆轴线夹角——切口角为 40°。采用斜切口形式后,使曲轴轴颈增粗,刚性提高;大端轴承的承压面积增加,提高了轴承的工作能力,减少了连杆螺栓承受的惯性拉伸负荷。但采用斜切口后,接合面上产生了较大的切向力,使连杆螺栓承受剪切作用。为了不使连杆螺栓承受剪切作用,并在接合面处不产生滑动,连杆在接合面上采用了锯齿形结构。由于增压度的提高,杆身的工字形截面尺寸也增大了。杆身中只钻有一个供油孔,从活塞排出的冷却油不经连杆直接泄回曲轴箱。

4.活塞组件装入气缸的专用工具

活塞环全部装入活塞环槽中后,由于活塞环的弹力较大,将带环的活塞装入气缸较为困难,应采用锥形导套将其导入气缸中。锥形导套如图 3(a)所示。

为了避免安装活塞组件时活塞杆碰坏填料函中的刮油环和密封环,应在活塞杆上安装两半式锥形体,将活塞杆导入填料函孔中。两半式锥形体如图 3(b)所示。活塞杆下端螺纹亦应包扎好,以免碰坏。

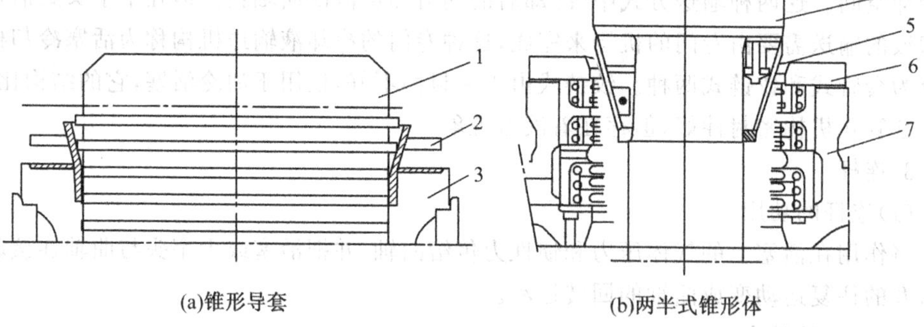


图 3　安装活塞组件专用工具

1—活塞和活塞环　2—锥形导套　3—气缸套　4—活塞杆

5—两半式锥形体　6—填料　7—气缸体

**【操作步骤】**

1.吊出活塞连杆组件

(1)拆卸缸盖。

(2)盘车,使活塞处于下止点附近便于拆卸连杆大端轴承螺栓的位置。

(3)用专用扳手对称、均匀地松开连杆大端轴承螺栓,做标记,记下螺栓、螺母在连杆大端轴承上的安装位置。

(4)取下连杆大端轴承下瓦盖和下瓦。

(5)清洁缸套及活塞顶,安装吊活塞专用工具。

(6)用天车吊出活塞。连杆大端离开曲柄销时,用布条绑住上瓦,防止跌落。注意起吊安全,防止人员伤害。扶稳活塞连杆组件,防止连杆大端划伤缸壁或碰伤缸盖螺栓。

(7)把活塞连杆组件放置于合适的地方。

2.解体活塞连杆组件(浮动式活塞销)

(1)拆下活塞销两端的挡板锁紧螺丝,拆下锁紧片(有的机型需要拆下卡簧),取下挡板。

(2)清洁活塞上的销孔。

(3)用手沿活塞销轴向方向推出活塞销(若活塞销在销孔中比较紧,可以用铜棒轻轻敲出活塞销)。

(4)做记号,记下连杆和活塞的装配方向。

(5)分解活塞和连杆。

3.组装活塞连杆组件(浮动式活塞销)

(1)清洁活塞销和销孔,涂润滑油润滑。

(2)按以前做的记号把连杆装入活塞销孔处。

(3)把活塞销插入销孔。

(4)把活塞销挡板装入活塞销两端,安装锁紧螺丝和锁紧片。

(5)用手转动连杆,直至可以自由活动。

4.活塞连杆组件的装复

(1)检查活塞环是否正确装复,注意环的倒角和刃口,不要装反。

(2)在活塞顶部专用吊装丝口拧入吊环。

(3)将专用锥形导套(活塞安装工具)放在缸套顶部,缓慢下放活塞,注意方向应正确(连杆大端有记号)。当放至活塞环位置时暂停,调整活塞环搭口的位置,相互错开(迷宫效应)。切勿使开口在同一位置,以免燃气下窜。

(4)放至连杆大端从缸套底部露出时,检查并调整其位置,使其上轴瓦正好套正曲柄销,装复下轴瓦及连杆螺栓(注意方向及连杆螺栓编号,不得换装)。

(5)用力矩扳手交叉、对称、均匀地上紧连杆螺栓至规定的力矩,并用锁紧片紧固。

(6)用螺丝刀或其他合适的工具沿曲轴方向拨动连杆大端,检查其轴向窜动量是否合适。

(7)盘车,检查连杆组件装复是否正常。

(8)清洁曲轴室,检查曲轴室内是否有异物,未见异常则盖上道门。

【任务报告单】

| | | | | | |
|---|---|---|---|---|---|
| 班级 | | 学时 | | 模块 | |
| 姓名 | | 所在组号 | | 任务成绩 | |
| 实训设备 | | 实训场地 | | 日期 | |
| 任务内容 | | | | | |
| 任务目标 | | | | | |

一、训练程序

二、决策与计划

三、实施

四、评估

1.请根据自己任务完成的情况,对自己的工作进行自我评估,并提出改进意见。

2.老师对小组工作情况进行评估,并进行点评。

3.学员成绩

本次任务的成绩:________________。

## 任务二　活塞的测量，圆度与圆柱度的计算

**【任务描述】**

按要求测量活塞，根据测得的数据计算圆度与圆柱度。

**【知识准备】**

1. 活塞的损坏形式主要有外圆表面及环槽的磨损、裂纹和破裂、顶部烧蚀等。

2. 筒形活塞由于在运转中活塞裙部起导向作用和承受侧推力，故外表面易发生磨损。大型十字头式柴油机活塞运动部件主要靠导板、滑块起导向作用和承受侧推力。活塞裙部外表面磨损后，裙部直径减小，活塞与气缸的间隙增大，横截面产生圆度误差、纵截面产生圆柱度误差。

3. 在船上通过测量活塞直径来检验活塞的磨损程度。通常采用千分尺、游标卡尺进行测量。测量部位为活塞的上部、中部和裙部的外径，有减磨环的活塞应测量每道环的外径。

**【操作步骤】**

1. 选取测量点(测量部位为活塞的上部、中部和裙部的外径，有减磨环的活塞应测量每道环的外径)。

2. 测量每一测量点的横截面上相互垂直的两个直径:平行曲轴方向和垂直曲轴方向的直径。

3. 将测量值记录在表格中，计算出每个横截面的圆度、纵截面的圆柱度。

**【任务报告单】**

| 班级 | | 学时 | | 模块 | |
|---|---|---|---|---|---|
| 姓名 | | 所在组号 | | 任务成绩 | |
| 实训设备 | | 实训场地 | | 日期 | |
| 任务内容 | | | | | |
| 任务目标 | | | | | |

一、训练程序

二、决策与计划

三、实施

四、评估

1. 请根据自己任务完成的情况，对自己的工作进行自我评估，并提出改进意见。

2. 老师对小组工作情况进行评估，并进行点评。

3. 学员成绩

本次任务的成绩：________________。

## 任务三　活塞销及连杆小端轴承间隙的测量

**【任务描述】**

测量活塞销磨损量以及连杆小端轴承间隙。

**【知识准备】**

1.活塞销的作用

活塞销是筒状活塞与连杆的连接件，它的作用是将活塞承受的气体力和活塞的往复运动惯性力传递给连杆。

2.活塞销的结构

活塞销的结构简单，一般为中空的圆柱体。

3.活塞销的材料

为了满足工作要求，活塞销一般选用低碳钢(如 15 号钢、20 号钢)、合金渗碳钢并经表面渗碳、淬火和低温回火处理，使之表面硬度高、耐磨性好，芯部具有较高的韧性。

**【操作步骤】**

1.活塞销磨损量的测量

如图 4 所示，采用外径千分尺沿活塞销轴线方向Ⅰ、Ⅱ、Ⅲ三个部位进行测量(如果活塞销与连杆小端轴承配合面较长，可增加两个测量部位：Ⅳ和Ⅴ)。测量每一部位横截面上两个相互垂直的直径，并计算出圆度和圆柱度误差，要求其最大圆度和圆柱度误差符合说明书的规定。

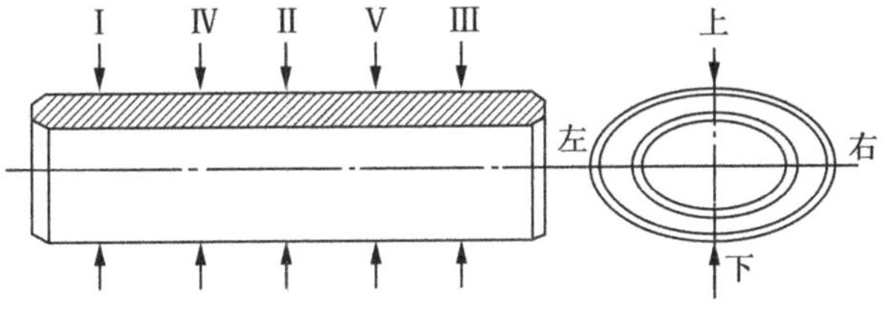


图 4　活塞销及其磨损测量部位

2.连杆小端轴承间隙测量

(1)方法 1

采用内径千分尺测量活塞销孔内径，测量左右两侧活塞销孔中间部位内径及每一部位横截面上两个相互垂直的直径；采用外径千分尺测量活塞销对应于销孔装配位置的外径及每一部位横截面上两个相互垂直的直径。用活塞销和销孔对应位置测量数值的差作为间隙值，其值应当符合说明书的要求。

(2)方法 2

用塞尺插入活塞销和销孔测量，读取塞尺的数值。

**【任务报告单】**

| 班级 | | 学时 | | 模块 | |
|---|---|---|---|---|---|
| 姓名 | | 所在组号 | | 任务成绩 | |
| 实训设备 | | 实训场地 | | 日期 | |
| 任务内容 | | | | | |
| 任务目标 | | | | | |

一、训练程序

二、决策与计划

三、实施

四、评估

1. 请根据自己任务完成的情况，对自己的工作进行自我评估，并提出改进意见。

2. 老师对小组工作情况进行评估，并进行点评。

3. 学员成绩

本次任务的成绩：________________。

# 项目五　活塞环的拆装与检查，活塞环天地间隙、搭口间隙、活塞环厚度与活塞环槽的测量

## 一、项目评估目标

（一）知识目标

1. 了解活塞环的拆装，间隙测量的技术要求、安全规则。
2. 掌握活塞环拆装、间隙测量的工具选取及使用方法。
3. 掌握活塞环的结构、部件组成及工作原理。

（二）能力目标

1. 能够熟练对活塞环进行拆装和检查。
2. 通过本项目的训练，能够熟练使用塞尺等测量工具对活塞环进行间隙测量。
3. 掌握活塞环的天地间隙、搭扣间隙、活塞环厚度及环槽的测量方法。

（三）素质目标

1. 通过活塞环拆装的练习，培养学生团队协作的意识。
2. 通过活塞环部件测量的训练，培养学生分析问题、解决问题的能力。
3. 通过活塞环拆装的练习，培养学生的安全意识。

## 二、项目评估的重点与难点

（一）重点

1. 活塞环拆装、间隙测量的工具选取及使用方法。
2. 活塞环的拆卸程序。
3. 活塞环的拆卸和装配方法。
4. 活塞环间隙测量的测量程序。
5. 活塞环间隙测量的数据分析。

（二）难点

1. 活塞环的拆卸和装配方法。
2. 活塞环的间隙测量步骤及对测量数据的分析。

## 三、项目评估标准

<table>
<tr><td>科目</td><td>动力设备拆装</td><td>等级</td><td>750kW 及以上船舶<br>二/三管轮</td><td>时间</td><td>30 分钟</td></tr>
<tr><td>操作题目</td><td colspan="5">活塞环的拆装与检查，活塞环天地间隙、搭口间隙、活塞环厚度及活塞环槽的测量</td></tr>
<tr><td colspan="4">评估要求</td><td colspan="2">分值</td></tr>
<tr><td rowspan="3">工具、量具的选择与使用</td><td colspan="3">能正确选择及使用相应的专用工具、普通工具和量具</td><td>4</td><td rowspan="3">10</td></tr>
<tr><td colspan="3">工具、量具选择规格合适</td><td>4</td></tr>
<tr><td colspan="3">选择、使用工具、量具过程中，注意对工具和量具的完好性进行检查</td><td>2</td></tr>
<tr><td rowspan="5">拆装与检查方法</td><td colspan="3">正确使用工具拆装活塞环</td><td>4</td><td rowspan="5">20</td></tr>
<tr><td colspan="3">正确对活塞环的表面进行外观检查</td><td>4</td></tr>
<tr><td colspan="3">正确进行活塞环天地间隙的测量与记录</td><td>4</td></tr>
<tr><td colspan="3">正确进行活塞环搭口间隙的测量与记录</td><td>4</td></tr>
<tr><td colspan="3">正确进行活塞环厚度及活塞环槽的测量与记录</td><td>4</td></tr>
<tr><td rowspan="4">操作结果</td><td colspan="3">能按要求顺利完成活塞环的拆装及检查</td><td>4</td><td rowspan="4">10</td></tr>
<tr><td colspan="3">拆装过程中，能按机件拆装顺序以及特殊要求摆放零部件</td><td>2</td></tr>
<tr><td colspan="3">各项检查、测量结果符合活塞环本身的状态，记录正确</td><td>2</td></tr>
<tr><td colspan="3">在规定时间内完成</td><td>2</td></tr>
<tr><td rowspan="3">安全注意事项</td><td colspan="3">作业过程中，测评人员穿着正确，做好个人安全防护</td><td>4</td><td rowspan="3">10</td></tr>
<tr><td colspan="3">作业过程中，注意场地周围环境及人员的安全</td><td>2</td></tr>
<tr><td colspan="3">作业过程中，注意保护设备、零部件以及使用工具的安全</td><td>4</td></tr>
</table>

## 四、项目评估要素

1. 活塞环拆卸。
2. 活塞环检查，判断活塞环能否继续使用。
3. 活塞环装配。
4. 活塞环间隙测量方法。
5. 活塞环间隙测量数据分析。

## 五、项目评估内容

### 任务一 活塞环的拆装与检查

**【任务描述】**

正确拆卸和装复活塞环，并通过检查判断活塞环能否继续使用。

**【知识准备】**

活塞环是柴油机燃烧室的组成零件之一，它的功能可归纳为：密封燃烧室、散出活塞热量和调节气缸润滑。活塞环要实现这些功能，必须与气缸壁紧贴，这就要求环具有足够的弹力和符合要求的贴合。环的弹力不足和贴合不良会引起密封性下降，严重时会因环的“压入”而窜气；同时，贴合不良也不利于活塞散热和调节气缸润滑（油环）。柴油机工作时，活塞环处在高温高压以及润滑极其困难的条件下，特别是第一道环。这一方面使环和缸套遭受强烈的摩擦和磨损，使环弹性减弱和贴合不良，环的工作性能恶化，严重时会引起拉缸、断环；另一方面，环及环槽在高温下受热膨胀，若环的间隙（搭口间隙、天地间隙等）调整不当，也将引起气缸密封不良，活塞环卡阻、顶死，使柴油机工作性能和使用寿命下降。

1. 活塞环的拆卸

活塞环的拆卸应该使用专用工具。在没有专用工具时，一般可用麻绳或铁丝，做成环套套在拇指上，分别挂在活塞环开口两端，缓慢地用力使活塞环张开后进行拆装。张开活塞环时，应尽量使它的开口在能拆卸的条件下张开得小些，否则很容易折断活塞环。拆下的活塞环应按次序放置好，以备检查。

2. 活塞环弹性定性检验

(1)测量自由开口法

活塞环自活塞上取下后，可以测量自由状态下的开口大小。通常新环在自由状态下开口尺寸为(0.10～0.13)$D$($D$ 为缸径)。若所测自由开口值小于新环自由开口值，说明环的弹性下降。

(2)永久变形量法

活塞取下清洁后，人为将自由开口闭合或将其扩大一倍再松开，若其永久变形量大于自由开口值的 10%，表明环的弹性下降。

3. 活塞环与缸套的密封性检查

(1)漏光检查

将活塞环放入标准气缸套内(或圆筒形量规),用活塞把环推平。在缸套中活塞环的下侧放一光源,上侧用比气缸外套内径小 3～4mm 的盖板将环盖住,检查环圆面与缸套壁面的漏光情况。合格要求:每处漏光弧长不超过 30°,同一根活塞环的漏光弧长总和不得超过 90°,但在活塞环开口处左右 30°范围内不允许漏光,并且漏光径向间隙用 0.02～0.03mm 塞尺不得通过。

(2)环平面挠曲度检查

环挠曲将影响环在环槽中的运动,容易使环在环槽中卡住,影响环的密封性。检查方法为将环平放在平板上,观察环端面与平板的接触情况。合格要求:环平面应与平板完全接触,不得有明显的间隙,但允许有局部间隙。其间隙值为:缸径≤200mm 者,不大于 0.05mm;缸径为 200～500mm 者,不大于 0.08mm;缸径>500mm 者,不大于 0.1mm。

**【操作步骤】**

1. 活塞环的拆卸程序

(1)将活塞从缸中吊出。

(2)清洁积炭,对有卡死现象的环,可用轻柴油浸泡后再用橡胶锤轻敲使其活动,不得用凿子凿削。

(3)将活塞环钳的钳口装于环的两搭口上,小心地将环慢慢地张开,使之内径稍大于环槽。简易拆装方法为:在没有专用工具时,一般可用结实的布条或铁丝,做成环套套在大拇指上。环套大小要适当,以套在大拇指上时中指能顶在活塞环上为宜。再套牢活塞环开口两端,缓慢地用力使活塞环张开后即可取下。张开活塞环时,应尽量使它的开口在能拆卸的条件下张开得小些,否则很容易折断活塞环,如图 5 所示。

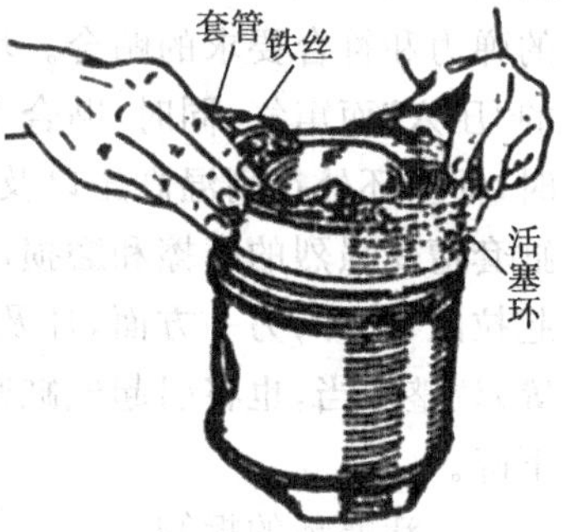

图 5　简易拆卸活塞环方法

(4)稳定住环搭口开度,小心地将环提起,随时调整环与活塞的同心度,使环与活塞同圈间隙均匀地拆出。

(5)拆卸时,从上往下逐根拆下,以减少环拆装时经过的距离,并随时做好活塞环的排列顺序及工作面标记(对于中小型柴油机,可以从第一道环逐根往下拆)。

2. 活塞环的装配

(1)对于中小型机器的活塞环,在无专用工具的情况下,可用结实的绳子套在环的开口两端,用手拉绳子将开口拉大后装入环槽中。操作时,切勿使环的开口过分开大,以免活塞环变形或折断。

(2)对于大型机器的活塞环,应使用专用工具把环适当张开,再装入活塞环。

(3)应把新环装在第一、二道环槽中,旧环装在其他环槽中,这样既便于新环磨合又能发挥旧环的密封性。一般情况下,不应一次更换所有的旧环,更不可因一环损坏而更换所有的旧环。

(4)装到活塞上的各道环的开口位置应错开,切勿使开口在同一位置,以免燃气下窜。

(5)装配时，从下往上逐根装入，其排列顺序、工作面及油环的方向不得装错。

**【注意事项】**

1. 拆装活塞环时，不能过分扩张活塞环开口，避免其折断，同时应注意不要划伤活塞壁面。
2. 装配活塞环时，各道环的位置及工作面不得装错。
3. 装配油环时，其刃口斜边不得装错。

**【任务报告单】**

| 班级 | | 学时 | | 模块 | |
|---|---|---|---|---|---|
| 姓名 | | 所在组号 | | 任务成绩 | |
| 实训设备 | | 实训场地 | | 日期 | |
| 任务内容 | | | | | |
| 任务目标 | | | | | |

一、训练程序

二、决策与计划

三、实施

四、评估

1. 请根据自己任务完成的情况，对自己的工作进行自我评估，并提出改进意见。

2. 老师对小组工作情况进行评估，并进行点评。

3. 学员成绩

本次任务的成绩：________________。

## 任务二　活塞环天地间隙、搭口间隙、活塞环厚度与活塞环槽的测量

**【任务描述】**

能够使用活塞环间隙测量的方法,对配套的活塞和活塞环、缸套的天地间隙、搭口间隙、活塞环厚度与活塞环槽进行测量。

**【知识准备】**

1.活塞环的作用

活塞环有密封、散热、刮油的作用。

2.活塞环的检查方法

定期通过扫气口检查和判断活塞环的工作情况。

3.活塞环的间隙测量

(1)搭口间隙测量

搭口间隙是活塞环处于工作状态时的开口大小。它是活塞环工作时的热胀间隙。搭口间隙过小时活塞环受热膨胀,搭口间隙消失,环两端对顶,严重时引起拉缸、环卡死和折断;搭口间隙过大会使燃气泄漏。所以要测量搭口间隙的最小值(装配值)和最大值(极限值)。

(2)天地间隙

平面间隙俗称天地间隙,它是活塞环紧贴环槽下端面时环与环槽上端面之间的间隙。当活塞环与环槽端面磨损后,将使端面配合间隙增大。平面间隙过小使环热膨胀受阻和影响环在环槽中的运动;平面间隙过大会使燃气泄漏。所以要测量平面间隙的最小值(装配值)和最大值(极限值)。

4.活塞环的材料

活塞环的材料要求弹性较好,摩擦系数小,耐磨、耐高温,有良好的初期磨合性、贮油性和耐酸腐蚀。一般采用合金铸铁(加硼、加硅)、可锻铸铁、球墨铸铁。

5.活塞环的制造工艺

为了提高活塞环的工作能力,常采用的制造工艺有:表面镀铬(提高耐磨性),松孔镀铬(提高表面贮油性,加快磨合),内表面刻纹(提高弹性),环外表面开设蓄油沟槽,环外表面镀铜(利于磨合),喷镀钼(防止黏着磨损)等。

6.活塞环拆装专用工具

拆装小型柴油机活塞环可采用细绳或图 6(a)所示的专用工具;拆装大型柴油机活塞环采用图 6(b)所示的专用工具。

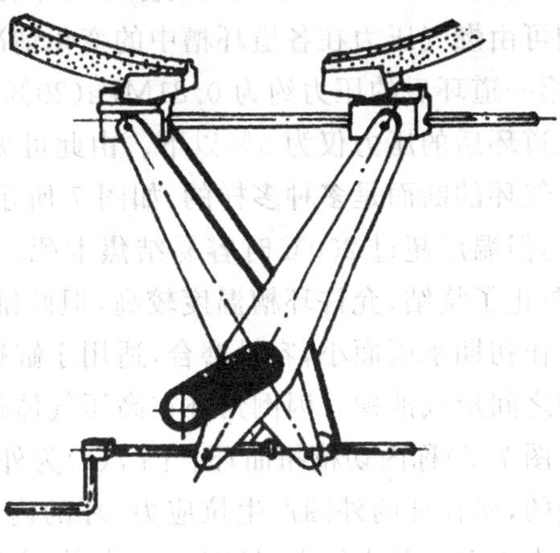

(a)小型柴油机拆装活塞环专用工具　　(b)大型柴油机拆装活塞环专用工具

图 6　活塞环拆装工具

7. 活塞环的种类及工作条件

(1)活塞环的种类

根据活塞环所起的作用不同，将其分为压缩环(气环)和刮油环。筒形活塞式柴油机气缸是采用飞溅润滑，甩到气缸套表面的润滑油较多，因此在活塞上除装气环外还装有刮油环。而十字头式柴油机气缸是采用注油润滑，一般只装气环，在活塞裙比较长的活塞上还要装承磨环。

(2)活塞环的工作条件

第一道活塞环直接受到高温、高压燃气的作用，其他环由于燃气经环的搭口、气缸壁面和环槽处泄漏，也受到燃气的不同程度的作用。活塞环在工作中被活塞带动，相对于气缸套做往复运动。由于气体压力、活塞环往复运动的惯性力和气缸套间产生的摩擦力、活塞横向振动和气口刮碰等作用，使活塞环在环槽中产生十分复杂的运动，有轴向运动和轴向振动、径向运动和径向振动、回转运动、扭曲振动等。由于气缸套壁面失圆、有锥度，活塞环在本身弹力作用下还要产生张合的交变运动。活塞环在高温下工作，润滑条件较差，在环槽中的运动状态又十分复杂，使它与气缸套、活塞环槽之间产生严重的摩擦和磨损。活塞环因振动、与气口刮碰、弹性张合等作用有可能产生裂纹或折断。柴油机在运行中，还会因燃烧不良、润滑油过多将活塞环黏着在环槽里，使活塞环失去密封作用，造成燃烧室窜气，使活塞环损坏。因此，在如此复杂的工作环境下，要求活塞环应有良好的密封性能，且要耐磨，特别是抗熔着磨损的性能要高，要有适当的弹性，足够的强度和热稳定性。

8. 气环

气环的主要作用是防止气缸中的气体泄漏和将活塞上的部分热量传给气缸。气环的密封作用是依靠本身的弹性和作用在它上面以及漏到环内圆柱面的气体压力，使环紧紧贴合到气缸壁和环槽壁上。这样就阻止了气体通过活塞与气缸壁之间的间隙漏至气缸下部空间。一个活塞上要设多道气环。通常高速柴油机装 3～5 道，低速柴油机装 4～6 道。多道环还可以形成一种曲径式密封，即当环与缸壁、环槽壁贴合不严密时，特别是当环悬浮在环槽中时，多道环形成的间隙对气体有节流作用，可以大大减少漏气。每道环的密封作用可由燃气压力在各道环槽中的变化情况看出。研究表明，当燃烧室中压力为4.1MPa时，第一道环后的压力约为0.81MPa(20%)，第二道环后的压力仅为0.32MPa(7.8%)，第三道环后的压力仅为5%以下。由此可见，第一道环的作用是非常大的。

气环的断面是多种多样的，如图7所示。图7(a)为矩形环。矩形环制造简单，应用最广，但温度超过200℃时容易结焦卡死。图7(b)为梯形环。它因间隙可变，促进了磨合，防止了烧结，允许环槽温度较高，但两锥面配合精度要求较高。图7(c)为倒角环。它在工作初期承压面小，容易磨合，适用于缸壁硬度较高的柴油机中。倒角还有利于在环与缸壁之间形成油楔。因倒角环在高压气体作用下会被推向槽内，所以不宜作为第一、二道环。图7(d)称内切槽扭曲环。图7(e)为外切槽扭曲环。当把它装在气缸内时，由于环是弯曲的，便在环的外圆产生拉应力，环的内圆产生压应力，如图7(f)所示。因为内、外圆的内力不在一条直线上[见图7(g)]，使环产生扭曲变形，如图7(h)所示。因为安装后环产生扭曲变形，所以环的棱缘与环槽壁和缸壁接触，提高了密封性。环相对于缸壁倾斜既可形成润滑油楔，又可使环在气体压力作用下有移动的趋势。安装扭曲环时常将内切槽环放在第一道，外切槽环放在第二、三道。这样做是为了使下两道环切槽处存留润滑油，以利润滑。此外，还要注意安装扭曲环时，内切槽环切槽朝上，外切槽环切槽朝下，防止把润滑油刮入燃烧室。梯形环、倒角环和扭曲环用在中、高速柴油机中。

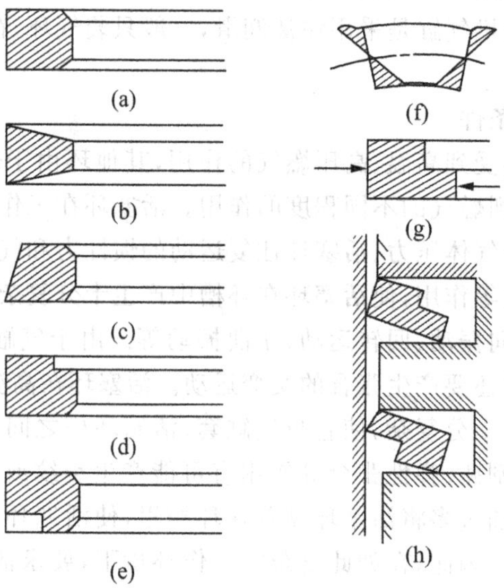


图8　气环的断面形状

气环的搭口如图8所示，有直搭口[见图8(a)]、斜搭口[见图8(b)(c)]和重叠搭口[见图8(d)]。直搭口和斜搭口结构简单，加工方便，重叠搭口气密性好，但容易折断。二冲程柴油机在搭口部分要倒角，以防止与气口刮碰。但倒角不宜过大，否则会因削弱大、漏气多造成气环折断。

9. 油环

在筒形活塞式柴油机中，做回转运动的曲柄销轴承把润滑油甩到气缸壁上。活塞和气缸套之间就是依靠这样飞溅来的油进行润滑的，因此称飞溅润滑。由于飞溅到气缸壁上的润滑油过多时，气环会通过泵油作用把它泵入燃烧室，这不仅增加了润滑油的消耗量，而且还会严重地污染活塞、气缸、气阀和排气道，因此筒形活塞要在气环下面装设1～2道刮油环。

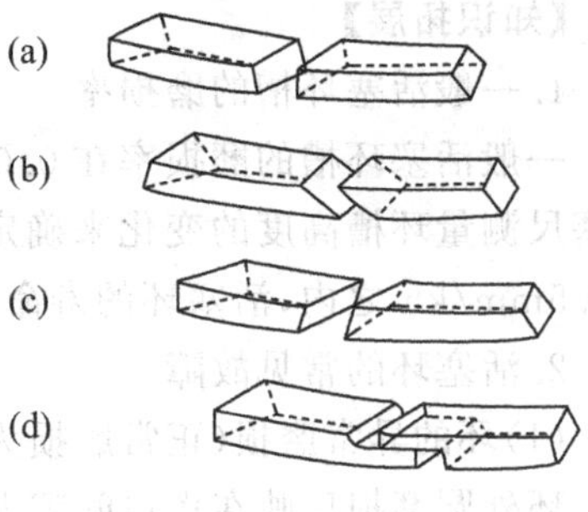

图8　气环的搭口形式

油环的结构如图9所示。图9(a)为单刃刮油环，图9(b)(c)为双刃刮油环。油环的特点是：环与缸壁的接触面积小，以增加接触压力，提高刮油效果；环与槽的天地间隙小，以减小泵油作用；双刃刮油环还开有泄油孔，而油环槽下面都开有泄油孔。

油环的工作原理如图9(d)所示。刮油环在上下运动中将刮在环槽中的油经环与槽上的泄油孔排回回轴箱。要注意，当安装的刮油环刮刃为锥状表面时，要把刮刃的尖端放在下方，以便油环下行时刮油，上行时让润滑油从它的倾斜面上流过。如果装反了，它就会向上刮油，加强了气环的泵油作用，使大量的润滑油窜入燃烧室中。

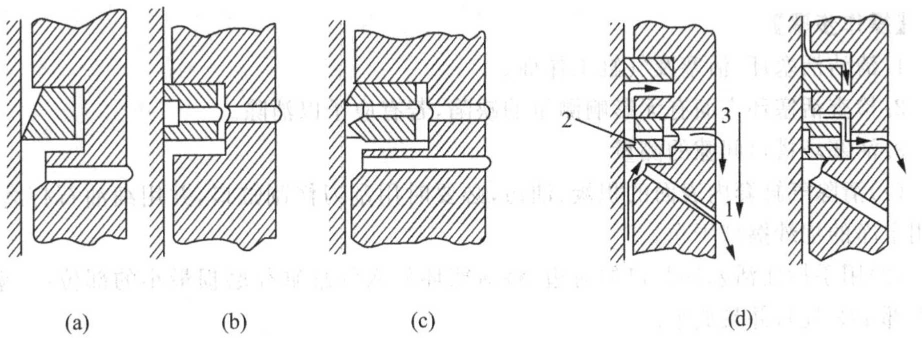

图9　油环的结构形式和工作原理

10. 承磨环

十字头式活塞的承磨环是专为活塞与气缸的磨合而设置的。超短裙活塞可不装承磨环，短裙活塞装1～2道，长裙活塞装2～4道。在活塞裙上开设燕尾形的环槽，如图10所示。把截面如图10(a)所示的青铜条分成3～4段敲进环槽中，然后再加工到工作尺寸，如图10(b)所示。承磨环的直径比活塞裙部直径大。在中、小型筒形活塞的活塞裙上一般不设承磨环。

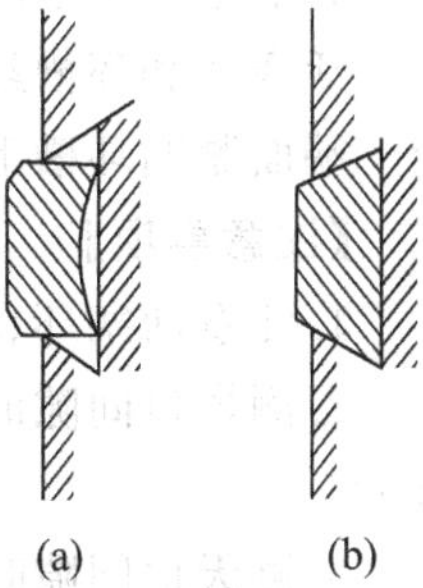

图10　承磨环

承磨环在运行中虽被磨平，但不必更换。如果发现缸套有不正常的磨损或擦伤，或当承磨环出现单边严重磨损或碎裂时，在对缸套进行修整的同时应换新承磨环。缸套、活塞换新时承磨环应予换新。从承磨环的磨损情况可分析活塞的对中情况。

**【知识拓展】**

1. 一般活塞环槽的磨损率

一般活塞环槽的磨损率在0.01mm/kh以内为正常磨损。环槽磨损情况是通过样板和塞尺测量环槽高度的变化来确定的。柴油机正常运转时，活塞环的正常磨损率在0.1～0.5mm/kh之内，活塞环的寿命一般为8000～10000h。

2. 活塞环的常见故障

(1)环的异常磨损(正常磨损为0.3～0.5mm/kh)

环外圆磨损反映在搭口间隙上，环与环槽磨损反映在天地间隙上。原因为润滑不良、燃烧不良、磨合不良、冷却不良、摩擦表面有硬质颗粒等。

(2)黏环

黏环的原因为环或气缸过热，润滑油过多，润滑油不净，燃烧不良结炭。

黏环可通过以下方式判断：严重漏气，柴油机工作无力；机油(或冷却水)温度升高；燃油和润滑油消耗量增加。

防止黏环的措施：防窜气，窜气会使润滑油变质；提高刮油环的刮油能力，防止刮油环装反；适当增加天地间隙；控制气缸注油量；保持气缸冷却水温度适宜；定期更换润滑油和加入抗氧化添加剂。

黏环的后果：燃烧室漏气，活塞环断裂，拉缸。

**【操作步骤】**

1. 清洁活塞环、活塞及气缸工作面。

2. 检查活塞环表面有无影响测量的缺陷，若有应予以消除。

3. 活塞环搭口间隙的测量

(1)清除气缸套内表面的积炭、油污，必要时用刮刀修刮缸口，并用细油石打磨光滑，再用干净的棉纱擦拭干净。

(2)用手握住活塞环开口的对边，将活塞环放入气缸缸径磨损最小的部位(一般在气缸下部1/3处)，并且放平。

(3)用塞尺插入环的开口间，松紧合适的塞尺厚度就是环的搭口间隙。当搭口间隙大于规定最大允许间隙时，该环不能再使用，必须更换。当间隙值小于规定最小装配间隙时，应进行修锉。

4. 活塞环天地间隙的测量

活塞环和环槽经过清洗后，将环依次装入各道环槽中(注意不可将上、下端面颠倒)，使下端面紧贴环槽下端面上，用塞尺沿圆周取3～4个位置测量天地间隙的平均值。

**【注意事项】**

1. 注意活塞环、环槽及缸套的清洁。

2. 测搭口间隙时应该将环置于缸套下部。试插时切勿使搭口错开，否则测量值会过大。

3. 测天地间隙时测量点分布应均匀。

**【任务报告单】**

| | | | | | |
|---|---|---|---|---|---|
| 班级 | | 学时 | | 模块 | |
| 姓名 | | 所在组号 | | 任务成绩 | |
| 实训设备 | | 实训场地 | | 日期 | |
| 任务内容 | | | | | |
| 任务目标 | | | | | |

一、训练程序

二、决策与计划

三、实施

四、评估

1. 请根据自己任务完成的情况，对自己的工作进行自我评估，并提出改进意见。

2. 老师对小组工作情况进行评估，并进行点评。

3. 学员成绩

本次任务的成绩：________________。

# 项目六 连杆、连杆大端轴瓦和连杆螺栓的拆装与检查，连杆螺栓的上紧方法，曲柄销的测量

## 一、项目评估目标

(一)知识目标

1. 了解连杆、连杆大端轴瓦和连杆螺栓的拆装与检查，连杆螺栓的上紧方法，曲柄销测量的技术要求、安全规则。

2. 掌握连杆、连杆大端轴瓦和连杆螺栓的拆装与检查，连杆螺栓的上紧方法，曲柄销测量的工具选取及使用方法。

3. 掌握对连杆、连杆大端轴瓦和连杆螺栓进行正确的外观检查的方法。

(二)能力目标

1. 熟练拆装连杆、连杆大端轴瓦和连杆螺栓。

2. 能够判断检查、测量结果是否符合机件本身的状态。

(三)素质目标

1. 通过连杆、连杆大端轴瓦和连杆螺栓拆装的练习，培养学生团队协作的意识。

2. 通过曲柄销测量的训练，培养学生分析问题、解决问题的能力。

3. 通过连杆、连杆大端轴瓦和连杆螺栓拆装的练习，培养学生的安全意识。

## 二、项目评估的重点与难点

(一)重点

1. 连杆大端轴承盖拆装。

2. 连杆螺栓检验。

3. 筒状活塞式柴油机连杆两端轴承轴线不平行度检验。

4. 曲轴主轴颈和连杆大端轴颈(曲柄销颈)磨损测量及圆度、圆柱度计算。

(二)难点

1. 连杆大端轴承盖拆装。

2. 曲轴主轴颈和连杆大端轴颈(曲柄销颈)磨损测量及圆度、圆柱度计算。

## 三、项目评估标准

| 科目 | 动力设备拆装 | 等级 | 750kW 及以上船舶二/三管轮 | 时间 | 30 分钟 |
|---|---|---|---|---|---|
| 操作题目 | 连杆大端轴瓦、连杆螺栓检查 | | | | |
| 评估要求 | | | | 分值 | |
| 工具、量具的选择与使用 | 能正确选择及使用相应的专用工具、普通工具和起重工具及其他工具，正确理解专用工具、普通工具之间的替代关系 | | | 4 | 10 |
| | 工具、量具选择规格合适 | | | 4 | |
| | 选择、使用工具、量具过程中，注意对工具和量具的完好性进行检查 | | | 2 | |
| 检查及测量 | 合理进行拆卸机件表面的清洁，掌握正确的清洗方法 | | | 6 | 20 |
| | 对连杆大端轴瓦和连杆螺栓进行正确的外观检查 | | | 7 | |
| | 连杆螺栓测量 | | | 7 | |
| 操作结果 | 检查结果与实际相符 | | | 5 | 10 |
| | 在规定时间内完成 | | | 5 | |
| 安全注意事项 | 作业过程中，被评估人员穿着正确，做好个人安全防护 | | | 4 | 10 |
| | 作业过程中，注意场地周围环境及人员的安全 | | | 2 | |
| | 作业过程中，注意保护设备、零部件以及使用工具的安全 | | | 4 | |

| 科目 | 动力设备拆装 | 等级 | 750kW 及以上船舶二/三管轮 | 时间 | 30 分钟 |
|---|---|---|---|---|---|
| 操作题目 | 曲柄销的测量及圆度、圆柱度的计算 | | | | |
| 评估要求 | | | | 分值 | |
| 工具、量具的选择与使用 | 能正确选择及使用相应的专用工具、普通工具和起重工具及其他工具，正确理解专用工具、普通工具之间的替代关系 | | | 4 | 10 |
| | 工具、量具选择规格合适 | | | 4 | |
| | 选择、使用工具、量具过程中，注意对工具和量具的完好性进行检查 | | | 2 | |
| 曲柄销的测量 | 选取合适的测量点 | | | 6 | 20 |
| | 正确使用量具进行测量 | | | 7 | |
| | 正确进行圆度、圆柱度的计算 | | | 7 | |
| 操作结果 | 测量、计算结果正确 | | | 5 | 10 |
| | 在规定时间内完成 | | | 5 | |
| 安全注意事项 | 作业过程中，被评估人员穿着正确，做好个人安全防护 | | | 4 | 10 |
| | 作业过程中，注意场地周围环境及人员的安全 | | | 2 | |
| | 作业过程中，注意保护设备、零部件以及使用工具的安全 | | | 4 | |

## 四、项目评估要素

1. 连杆大端轴承盖拆装。
2. 连杆螺栓检验。
3. 曲柄销测量及轴颈圆度、圆柱度计算，连杆大端轴承间隙测量。

## 五、项目评估内容

### 任务一　连杆、连杆大端轴瓦及连杆螺栓的拆装与检查

**【任务描述】**

使用相应工、量具拆装连杆、连杆大端轴瓦和连杆螺栓，并对其组件进行检查。

【知识准备】

连杆用来连接活塞(或十字头)与曲轴,并将活塞的往返运动转变成曲轴的回转运动。连杆不但运动复杂,而且受力也很复杂。连杆承受周期性变化的气体作用力和活塞连杆惯性力的作用。气体作用力在燃烧时具有冲击性。连杆在这些周期性变化的作用力作用下,很容易疲劳而引起弯曲变形,严重时还会在杆身应力集中部位产生裂纹。连杆的变形或裂纹易发生在小型高速机上。另外,连杆小端与活塞销(或十字头销)、大端与曲柄销的相对运动,使其遭受强烈的摩擦。特别是气体作用力和惯性力的合力取得最大值时,由于作用力加大,磨损量进一步增大。这就使得使用一定时间后的曲柄销、活塞销(或十字头销)出现一定的圆度误差和圆柱度误差。

当柴油机的连杆弯曲变形或连杆大、小端轴承与轴颈的磨损量过大时,会给柴油机的正常运转带来严重影响。连杆的弯曲和过大的磨损会破坏小端轴衬和活塞销、大端轴瓦及曲柄销的正常配合,增大冲击和磨损,严重时导致烧瓦事故。同时,还会引起活塞在气缸中的偏斜,造成压缩比减小、环漏气、气缸窜油、活塞与气缸咬住。

连接连杆与曲轴的零件——连杆螺栓会发生塑性变形甚至裂纹、螺纹崩齿、断齿、咬伤等故障。

【知识拓展】

1. 船用柴油机上的重要螺栓

主要有气缸盖螺栓、组合式活塞的连接螺栓、连杆螺栓、主轴承螺栓、贯穿螺栓和地脚螺栓等。重要螺栓的材料为优质碳钢和优质合金钢,如45钢、40Cr、35CrMo等。

2. 连杆螺栓的受力及损坏形式

连杆螺栓是连接连杆大端轴承座与轴承盖,使之成一体的重要螺栓。连杆螺栓受到装配时的预紧力的作用,四冲程柴油机运转时连杆螺栓还受到往复惯性力的作用。连杆螺栓常见的损坏形式:螺纹的变形与损坏,螺栓拉长或形成颈缩,螺栓弯曲变形、裂纹,螺栓与螺母配合松动等。

3. 重要螺栓的螺帽防松方法

螺帽防松法有金属丝锁紧防松法,弹簧垫圈防松法,销紧片防松法或开口销防松法等。在采用金属丝锁紧螺母时,金属丝缠绕螺母的方向应与螺母的旋紧方向相同。在检修连杆大端轴承时,必须换新的防松垫片或开口销。

【操作步骤】

1. 拆卸步骤及技术规范

(1)拆下相应连杆大端轴承盖两侧的道门,盘车盘至该缸力矩套筒扳手正好放入指定位置(平切口盘至该缸上止点左右60°,斜切口盘至该缸上止点后40°)。

(2)确认装配标记,用尖嘴钳拆开连杆螺母锁紧装置。若是开口锁或锁紧铁丝可直接拆下;若是锁紧片可将铁片扳直。

(3)用扭力扳手交替分数次将螺母拧松,或按要求装妥液压拉伸器并经充油放气后,再用手动泵油至规定压力,然后用拨销拨松螺母半圈,放掉油压,拆下液压拉伸器。或者用专用力矩扳手交叉、对称、均匀松开连杆螺栓螺母(平切口机盘至上止点),取下连杆螺栓,拆下连杆大端轴承盖(注意对各连杆螺栓做记号,装复时不要弄错)。

(4)用方木撬住轴承盖，拧下螺母，取出轴承盖及轴瓦。

2. 连杆螺栓检查

(1)外观检查：检查螺栓表面有无肉眼可见缺陷，不允许有碰伤、拉毛、变形、裂纹、螺纹损坏和配合松动等缺陷。

(2)裂纹检查：用放大镜或着色探伤、磁粉探伤等方法检查螺栓的各圆角、螺纹之间的过渡处有无裂纹。

(3)测量螺栓长度：测量螺栓长度以发现螺栓的永久变形。四冲程柴油机螺栓伸长量超过原设计长度的2%时即应报废换新。

螺栓伸长或出现颈缩大多是安装时用力过大所致，或是因柴油机发生拉缸、咬缸时使连杆螺栓受到过大拉应力。

3. 装配程序及技术标准

(1)盘车至上止点或说明书要求的角度。

(2)核对装配间隙，清洁轴颈、轴瓦和轴承盖，并在配合面上涂上清洁机油。

(3)按照装配标记将轴承盖装到曲柄销上，并用方木撬住。

(4)在螺纹上涂上清洁机油，并将螺栓对号入座装入螺栓孔中，然后拧入螺母。若用锁紧片时，先装上处理过的锁紧片。

(5)按上述拆卸步骤用扭力扳手将螺母拧紧至规定力矩，或按拆卸步骤(3)装备液压拉伸器，手动泵油至初装压力(一般为规定压力的1/2)。用拨销顺时针拨动螺母与承压面贴合，然后再泵油至规定压力，用拨销尽力将螺母拨紧，最后拆下液压拉伸器。

(6)取出曲轴箱内的工具物料，清洁曲轴箱，盘车数圈检查装配质量，应是转动灵活自如无卡滞现象及异常响声，然后再将锁紧装置锁紧。

(7)确认装配质量完好，曲轴箱内无杂物后装复道门。

**【注意事项】**

1. 拆卸螺母及锁紧装置时，正确核对标记，液压拉伸工具分次油压上紧。装复过程中，轴颈及瓦面涂油，配合标记正确，螺栓涂油对号入座，分次油压装紧正确，锁紧方法正确可靠，无过大附加应力。

2. 拆装时必须注意装配标记。

3. 拧松或拧紧螺母时，必须按要求进行并拧至规定力矩或压力，并检查贴合面的贴合度，0.03mm 塞尺插不进为合格。

4. 装配时必须保持清洁，且有足够的润滑。

5. 锁紧装置必须按要求锁紧。

**【任务报告单】**

| 班级 | | 学时 | | 模块 | |
|---|---|---|---|---|---|
| 姓名 | | 所在组号 | | 任务成绩 | |
| 实训设备 | | 实训场地 | | 日期 | |
| 任务内容 | | | | | |
| 任务目标 | | | | | |

一、训练程序

二、决策与计划

三、实施

四、评估

1. 请根据自己任务完成的情况，对自己的工作进行自我评估，并提出改进意见。

2. 老师对小组工作情况进行评估，并进行点评。

3. 学员成绩

本次任务的成绩：________________。

## 任务二　连杆螺栓的上紧方法

**【任务描述】**

掌握连杆螺栓的上紧方法，并能使用专用设备及工具拆装和检验连杆螺栓。

**【知识准备】**

1. 螺纹检验和处理

(1)螺纹变形检验

将螺纹样板沿螺栓轴线卡于螺纹上，螺纹牙齿应填满样板的空间且在螺纹轴线长度上无间隙积累现象，否则说明螺纹有单边磨损或拉长变形，此时应予以换新。

(2)螺纹崩齿、螺纹及其他损伤检验

用肉眼或放大镜观察是否有崩齿、断齿或裂纹、咬伤等缺陷。若有可见裂纹或距支撑面三扣螺纹有缺陷，应予以报废换新。

用放大镜或肉眼观察螺栓与螺栓头的过渡圆角处、螺栓的定位面与螺杆的过渡圆角处以及螺纹牙底根部是否有裂纹，若有应予以报废换新。

2. 螺栓定位环带配合状况的检查及处理

可用放大镜观察定位环带表面，看是否有拉毛、划伤及过大粗糙等缺陷，若上述缺陷经修复后能基本维持配合紧度，可用细纱布打磨消除缺陷后使用。

3. 检验方法

伸长量检验：能正确使用千分尺进行伸长度测量，确认伸长量与测量误差不大于0.02mm。

螺纹检验：能正确使用螺纹样板检查螺距及螺纹缺陷。

裂纹检验：用放大镜检验确认有无裂纹。

**【操作步骤】**

1. 清洁连杆大端轴承下瓦、曲柄销及轴承端盖安装面。

2. 按照拆卸时的记号装复下瓦及轴承下盖，方向不要装错。

3. 装复连杆螺栓及螺母，按规定力矩上紧。先手动上紧后，再用专用扳手，交叉分次上紧。注意不要改变螺栓、螺母的配合关系。

4. 锁紧连杆螺母的锁紧片。

5. 用螺丝刀或其他合适工具沿曲轴方向拨动连杆大端，检查其松紧情况及轴向窜量。

6. 检查曲轴室，没有异常时关上曲轴室道门。

**【注意事项】**

1. 柴油机按说明书规定检修时，对使用或换新的连杆螺栓必须进行探伤检查后方能装复使用。

2. 若无条件做探伤检查时，应使用放大镜或肉眼检查有无缺陷，特别注意对螺栓头部、螺纹及根部的检查。

3. 严格按使用期限更换连杆螺栓，四冲程柴油机为15000～20000h。

4. 若实测长度在原设计图纸长度公差范围内，说明可继续使用；若超过原设计图纸长度公差范围，应予以报废换新。

5.保持轴承上下接触面和垫片的清洁，保证贴合良好。

**【任务报告单】**

| 班级 | | 学时 | | 模块 | |
|---|---|---|---|---|---|
| 姓名 | | 所在组号 | | 任务成绩 | |
| 实训设备 | | 实训场地 | | 日期 | |
| 任务内容 | | | | | |
| 任务目标 | | | | | |

一、训练程序

二、决策与计划

三、实施

四、评估

1.请根据自己任务完成的情况，对自己的工作进行自我评估，并提出改进意见。

2.老师对小组工作情况进行评估，并进行点评。

3.学员成绩

本次任务的成绩：________________。

## 任务三　曲柄销的测量

【任务描述】

使用外径千分尺、钢皮尺等专用工具对曲柄销磨损进行测量，并计算圆度、圆柱度。

【知识拓展】

1. 筒状活塞式柴油机连杆两端轴承轴线不平行度检验

(1)检查连杆大小端轴承与样轴及活塞销的贴合状况

连杆大端轴承贴合检查：将样轴插入连杆大端轴承做色油检查，检查连杆轴承上瓦色点分布。若配合不好，厚壁瓦可用削刮解决，薄壁瓦可换新瓦。

连杆小端轴承贴合检查：将未磨损的新活塞销插入铜套内做色油检查，下轴瓦配合应良好。若配合不好，可采用刮削铜套的方法处理。

(2)将连杆吊起，在垂直支撑于平板上的两 V 形铁上，用表座千分表测量两轴最高点并用薄铜片调整两 V 形铁，使样轴轴线与平板平行。

(3)将新活塞销插入连杆小端。

(4)用表座千分表在活塞销圆柱面上分别测量两端圆柱面最高点的量程。

(5)计算两轴线的不平行度。

(6)与标准值比较确定是否需要修理。中、低速机连杆侧向弯曲两轴线的不平行度不大于 0.01mm/m，当大于 0.30mm/m 时应予以修理。

2. 曲轴的常见损坏形式

常见损坏形式有磨损、腐蚀、裂纹和红套滑移。

3. 曲轴磨损的修复

(1)修理尺寸法：在保证曲轴强度和几何形状精度、位置精度的前提下，选用最小的加工余量进行车削或磨削曲轴轴颈。

(2)恢复尺寸法：采用镀铬、镀铁等工艺恢复曲轴轴颈原有尺寸。

【操作步骤】

1. 曲柄销测量步骤

(1)将被测量的曲柄销表面擦拭干净。

(2)用钢皮尺在曲柄销轴线方向取曲柄销颈两端分别距曲柄臂 10～30mm 的两个截面及中央截面共三个正截面。在每个正截面上取垂直和水平两个方向作为轴颈测量部位。垂直方向是指后一缸单位曲柄的曲柄臂中线方向，水平方向是指与垂直方向成 90°的方向。

(3)校准外径千分尺，测量上述各部位的数值。

(4)曲柄销的圆度和圆柱度计算：测得的同一截面上垂直方向尺寸与水平方向尺寸差值的一半，即为圆度误差；不同截面，同一方向尺寸差值的一半，即为圆柱度误差。

(5)求出圆度和圆柱度。

2. 曲柄销间隙的测量

(1)塞尺法：用塞尺自轴承端面直接插入轴颈与轴瓦间测量，测得的间隙应加

0.05mm。

(2)拨动法：用半米长的撬杠插入连杆大端轴瓦与曲柄臂间的缝隙左右拨动，从一边到另一边不弹回中央位置为好。

(3)测量法：用内径千分尺、外径千分尺分别测量轴颈与轴瓦孔径，两者之差即为间隙值。

(4)压铅法：依据铅丝在螺栓上紧后被压扁的厚度来确定轴承间隙大小。

**【任务报告单】**

| 班级 | | 学时 | | 模块 | |
|---|---|---|---|---|---|
| 姓名 | | 所在组号 | | 任务成绩 | |
| 实训设备 | | 实训场地 | | 日期 | |
| 任务内容 | | | | | |
| 任务目标 | | | | | |

一、训练程序

二、决策与计划

三、实施

四、评估

1.请根据自己任务完成的情况，对自己的工作进行自我评估，并提出改进意见。

2.老师对小组工作情况进行评估，并进行点评。

3.学员成绩

本次任务的成绩：________________。

# 项目七　主轴承的拆装、测量及轴承间隙的测量

## 一、项目评估目标

（一）知识目标

1. 掌握柴油机主轴承的拆卸方法与工具、量具的选用。

2. 掌握柴油机主轴承的安装方法。

3. 掌握柴油机主轴承的测量方法与检查程序。

（二）能力目标

1. 能够正确选用合适的量具、工具拆卸及安装柴油机主轴承。

2. 能够正确判断主轴承状态。

（三）素质目标

1. 通过主轴承拆装的练习，培养学生团队协作的意识。

2. 通过轴承间隙测量的训练，培养学生分析问题、解决问题的能力。

3. 通过主轴承拆装的练习，培养学生的安全意识。

## 二、项目评估的重点与难点

（一）重点

1. 柴油机主轴承的拆装程序。

2. 柴油机主轴承的检查。

（二）难点

1. 柴油机主轴承的检查。

2. 柴油机主轴承的间隙测量方法。

## 三、项目评估标准

| 科目 | 动力设备拆装 | 等级 | 750kW 及以上船舶二/三管轮 | 时间 | 30 分钟 |
|---|---|---|---|---|---|
| 操作题目 | 主轴承的拆装、测量及轴承间隙的测量 | | | | |
| 评估要求 | | | | 分值 | |
| 工具、量具的选择与使用 | 能正确选择及使用相应的专用工具、普通工具及其他工具，正确理解专用工具、普通工具之间的替代关系 | | | 4 | 10 |
| | 工具、量具选择规格合适 | | | 4 | |
| | 选择、使用工具、量具过程中，注意对工具和量具的完好性进行检查 | | | 2 | |

续表

| | | | |
|---|---|---|---|
| 拆装与测量方法 | 拆装程序和拆装范围符合要求(拆装程序根据具体机器确定) | 4 | 20 |
| | 拆装过程中要注意查找或标记拆装标志 | 4 | |
| | 正确对主轴承进行测量和检查 | 6 | |
| | 采取合理方法进行轴承间隙的测量 | 6 | |
| 操作结果 | 能按要求顺利完成主轴承的拆装及检查 | 4 | 10 |
| | 拆装过程中,能按机件拆装顺序以及特殊要求摆放零部件 | 2 | |
| | 检查、测量结果符合机件本身的状态 | 2 | |
| | 在规定时间内完成 | 2 | |
| 安全注意事项 | 作业过程中,被评估人员穿着正确,做好个人安全防护 | 4 | 10 |
| | 作业过程中,注意场地周围环境及人员的安全 | 2 | |
| | 作业过程中,注意保护设备、零部件以及使用工具的安全 | 4 | |

## 四、项目评估要素

1. 主轴承的拆卸。

2. 主轴承的安装。

3. 用压铅丝法测量主轴承间隙。

## 五、项目评估内容

### 任务一　主轴承的拆装与测量

【任务描述】

掌握筒状活塞式(或十字头式)柴油机主轴承的拆卸和装配方法,并能熟练运用专用设备及工具对筒状活塞式(或十字头式)柴油机主轴承进行拆卸。

【知识准备】

1. 主轴承的作用

主轴承的作用是支撑轴承,保持曲轴的工作曲线,使曲轴在其中以小的摩擦和磨损传递动力。主轴承的工作条件比较恶劣,由于受到曲轴传来的气体力和惯性力的作用,故具有很大的轴承负荷。由于轴颈与轴承的相对运动引起摩擦和磨损，而这种磨损又因主轴承刚性不足引起曲轴弯曲，常常显现为沿轴线方向的不均匀性。另外，轴承还会受到变质润滑油的腐蚀。轴承在这种恶劣的工作条件下，会产生各种损伤，使其工作状态不正常。这不仅使轴承的损伤进一步加重，严重时还会引起咬黏、烧熔、柴油机的自行停车；同时还将影响活塞与气缸正常的工作配合，严重时会发生机械敲缸和拉缸事故；也有可能使曲轴绕轴线方向变形过大，而引起曲轴折断。

为保证轴承长期可靠地工作，光靠其结构、材料、使用性能等方面满足要求是不够的，还必须定期进行拆检，使之保持正常的工作状态。

2. 主轴承间隙的测量

除了采用压铅法之外，主轴承间隙的测量还可以采用比较法和塞尺法。

3. 主轴承间隙的调整

通常采用抽减或增加轴承垫片的方法调整主轴承间隙。任何情况下均不得采用改变轴承螺栓的上紧程度来调整间隙的做法。垫片的厚度一般为 0.05mm 的整数倍。

4. 主轴瓦的一般检查

一旦发现轴瓦工作表面有严重烧痕、划纹、麻点或剥落现象时，应尽快舍弃。

5. 轴承的损坏形式

轴承是船用主、副柴油机或其他辅机的易损件。轴承损坏主要与轴瓦上的耐磨合金层的损坏有关。其主要损坏形式有过度磨损、裂纹和剥落、腐蚀和烧熔。

**【操作步骤】**

1. 柴油机主轴承的拆卸

(1)拆卸主轴承前后，均应检测曲轴的轴向间隙并做好记录。应把各道主轴承锁紧螺母、轴承盖、垫片、轴瓦等按顺序、方位做好记号。整个检测、校配过程均应对号进行。

(2)均匀拧松主轴承盖螺栓，按顺序放置好。

(3)拆卸主轴承上盖和上瓦。薄壁轴瓦较轻，可直接用手提起；低速机的厚壁轴瓦则要拧上吊装环将其吊出(为防错位可仍按配合标记将上瓦与瓦盖装一起)。

(4)盘出下轴瓦。中小型柴油机一般利用在曲轴颈上的润滑孔中插入小钉，盘车取出下瓦。注意薄型轴瓦一侧有定位唇，此时应向有定位唇的一侧盘瓦，以免损坏轴瓦。将盘瓦销钉的圆柱部分插入轴颈的油孔中，使销钉侧平面低于下瓦口端面，顺下瓦定位凸舌方向盘车，将下瓦盘出。低速机为避免盘出下瓦时擦伤瓦背，各种机型均采取了必要的拆卸措施，可见说明书的指示操作。

(5)取出盘瓦销钉，用胶带纸封住轴颈的油孔，避免落入异物。

(6)检查主轴承螺栓，螺栓与螺母的螺纹不能有肉眼可见的倒牙和毛刺。

(7)检查主轴承盖与机体定位两端面的过盈量。

2. 柴油机主轴承的安装

(1)将轴承盖、轴承座、轴瓦、螺栓等清洗干净。

(2)安装轴瓦。主轴瓦装入主轴承盖(座)前，应进行厚度检测，并做记录。将下瓦按盘出时的相反方向盘入主轴承座中。为保证轴瓦背面与轴承座孔有良好接触，要使轴瓦两端面对轴承盖分开面有一定的凸出高度，一般凸出高度为 0.03～0.10mm。

(3)安装主轴承盖。装主轴承盖时，应在和轴承座配合的定位凸肩平面上涂布润滑油，这样轴承盖和轴承座不容易咬在一起。

(4)使用力矩扳手按规定的力矩拧紧主轴承螺母。主轴承螺母上紧时应使用扭力扳手按规定的扭矩拧紧。如无扭力扳手时，可用臂长 120mm 的扳手把两个螺帽扳到止动点，以后分三次相互交替地扳紧，每次扳动的角度为 50°～60°，共扳动 150°～180°，使主轴承盖螺帽上的记号和主轴承螺柱上的记号对准，即两者的开口销孔对准。

(5)上紧后，使主轴承盖螺帽上的铳眼和主轴承螺柱上的铳眼对准，即使二者的开口销孔对准。安装结束后，应装上开口销防止螺母松动。

3. 柴油机主轴承的检查

(1)主轴承螺栓的检查

主轴承螺栓一端拧紧在轴承座的螺孔中，长期使用后会产生松动(特别是小型高速柴油机)，需检查并拧紧。螺栓与螺母的螺纹不能有肉眼可见的倒牙和毛刺。螺栓、螺母旋合后，不能有明显的松动和时紧时松的感觉。有明显倒牙现象或达不到规定扭紧力矩的螺栓、螺母，应予以换新。

(2)主轴承盖与机体定位两端面过盈量的检查

正常情况下，轴承盖定位端面没有磨损，其过盈量为 0.03～0.05mm，靠此面与机体(座)定位，使各道轴承盖中心线保持在同一直线上。

**【注意事项】**

1. 拆下的锁紧零件应予报废。换新装配时应注意规格和锁紧方法，确保可靠锁紧。

2. 拆卸螺母时应清洁螺纹，装配时应涂上清洁机油。拆卸或装配时，应对角分次序均匀拧出或拧入螺母至规定力矩。

3. 拆装时应注意轴承盖的装配标记，螺母亦应注意与螺栓的配对关系。

4. 装配时，必须去掉轴颈处封闭油孔的胶带纸，并检查轴颈油孔处是否有被盘瓦销钉挤压出现的局部凸起。若有，可用牛油将轴颈油孔堵住后，用细粒度的油石仔细地打磨掉。修整后应清洁轴颈并将牛油取出。

5. 装配时应清洁轴瓦，并在其工作面涂上清洁机油。下瓦入座后应检查两次瓦口端面位置。厚壁轴瓦应稍微低于座孔平面；薄壁轴瓦应高于座孔平面。不论高于或低于座孔平面，两次瓦口高度必须相等。

【任务报告单】

| 班级 | | 学时 | | 模块 | |
| --- | --- | --- | --- | --- | --- |
| 姓名 | | 所在组号 | | 任务成绩 | |
| 实训设备 | | 实训场地 | | 日期 | |
| 任务内容 | | | | | |
| 任务目标 | | | | | |

一、训练程序

二、决策与计划

三、实施

四、评估

1. 请根据自己任务完成的情况，对自己的工作进行自我评估，并提出改进意见。

2. 老师对小组工作情况进行评估，并进行点评。

3. 学员成绩

本次任务的成绩：________________。

# 任务二　轴承间隙的测量

**【任务描述】**

熟练使用压铅法、塞尺法等方法测量主轴承间隙。

**【知识准备】**

1. 压铅法

依据铅丝在主轴承螺栓上紧后被压扁的厚度来确定轴承间隙大小。此法精度高，但操作比较麻烦。新刮轴瓦一定要用此法检查轴承间隙。

2. 主轴承间隙的调整

通常采用抽减或增加轴承垫片的方法予以调整。任何情况下均不得通过改变轴承螺栓的上紧程度来调整间隙。垫片的厚度为 0.05mm 的整数倍。

3. 主轴瓦的一般检查

船用中小型柴油机的主轴瓦，大都采用薄壁轴瓦。一旦发现工作表面有严重烧痕、划纹、麻点或剥脱现象时，应及时换新。

4. 轴承间隙的测量方法

(1)塞尺法：用塞尺自轴承端面直接插入轴颈与轴瓦之间测量，测量值加上 0.05mm 为最终值。

(2)压铅法：拆去主轴承上盖及上瓦，选直径为 1.5～2 倍轴承装配间隙，长为 150°轴颈弧长的铅丝 2～3 条，用牛油粘住。装好轴承上瓦及上盖，并按规定上紧。打开轴承，取出铅丝测量并做好记录。用千分尺测量铅丝两端及中间位置的厚度(中间厚度即为轴承径向间隙，两端为两侧间隙)。

(3)比较法：中、高速柴油机主轴承和连杆大端轴承多采用薄壁轴瓦。通常采用内径千分尺、外径千分尺分别测量轴、孔的对应部位直径，直径之差即为轴承间隙。一般应测量对应于曲柄销在上、下止点位置时的轴、孔直径，且在轴向首、中、尾三处测量求平均值进行比较。

**【操作步骤】**

(1)拆去主轴承上盖及上瓦。

(2)选直径为 1.5～2 倍轴承装配间隙，长为 150°轴颈弧长的铅丝 2～3 条，沿轴向按首、中、尾位置放在轴颈上，并用牛油粘住。铅丝直径过小不能被压扁；直径过大则变形抗力增强，在上紧螺栓后铅丝可能被压入白合金层内，也不能准确测量。

(3)装好轴承上瓦及上盖，按规定上好螺栓，记下螺母上紧位置。

(4)打开轴承，取出铅丝进行测量并做好记录。注意铅丝应与所测轴承及测量位置对应。

(5)用千分尺测量铅丝两端及中间位置的厚度。中间厚度为轴承径向间隙，两端厚度为轴承两侧间隙，通常小于径向间隙。两侧间隙差不应超过 0.05mm。

【任务报告单】

| 班级 | | 学时 | | 模块 | |
|---|---|---|---|---|---|
| 姓名 | | 所在组号 | | 任务成绩 | |
| 实训设备 | | 实训场地 | | 日期 | |
| 任务内容 | | | | | |
| 任务目标 | | | | | |

一、训练程序

二、决策与计划

三、实施

四、评估

1.请根据自己任务完成的情况,对自己的工作进行自我评估,并提出改进意见。

2.老师对小组工作情况进行评估,并进行点评。

3.学员成绩

本次任务的成绩:________________。

# 项目八　喷油泵的拆装与检查，供油定时的检查与调整

## 一、项目评估目标

（一）知识目标

1. 掌握喷油泵拆装的技术要求、安全规则。

2. 能正确理解专用工具、普通工具之间的替代关系。

3. 掌握喷油泵主要部件的检查方法。

（二）能力目标

1. 能正确选择、使用相应的专用工具、普通工具及其他工具。

2. 能够对喷油泵的主要部件进行正确检查。

（三）素质目标

1. 通过喷油泵拆装的练习，培养学生团队协作的意识。

2. 通过喷油泵及供油定时检查的训练，培养学生分析问题、解决问题的能力。

3. 通过喷油泵拆装的练习，培养学生的安全意识。

## 二、项目评估的重点与难点

（一）重点

1. 喷油泵的拆卸和装配。

2. 出油阀偶件的检查及修理研磨。

3. 柱塞偶件的检查及研磨。

（二）难点

1. 喷油泵的拆卸和装配。

2. 喷油泵提前角的检查和调整。

## 三、项目评估标准

| 科目 | 动力设备拆装 | 等级 | 750kW及以上船舶二/三管轮 | 时间 | 30分钟 |
|---|---|---|---|---|---|
| 操作题目 | 喷油泵的拆装与检查 | | | | |
| 评估要求 | | | | 分值 | |
| 工具、量具的选择与使用 | 能正确选择及使用相应的专用工具、普通工具及其他工具，正确理解专用工具、普通工具之间的替代关系 | | | 4 | 10 |
| | 工具、量具选择规格合适 | | | 4 | |
| | 选择、使用工具、量具过程中，注意对工具和量具的完好性进行检查 | | | 2 | |
| 拆装与检查方法 | 拆装程序和拆装范围符合要求（拆装程序根据具体机器确定） | | | 5 | 20 |
| | 拆装过程中要注意查找或标记拆装标志 | | | 5 | |
| | 能够对喷油泵的主要部件进行正确检查 | | | 5 | |
| | 对喷油泵整体进行综合性检查 | | | 5 | |
| 操作结果 | 能按要求顺利完成喷油泵的拆装及检查 | | | 4 | 10 |
| | 拆装过程中，能按机件拆装顺序以及特殊要求摆放零部件 | | | 3 | |
| | 在规定时间内完成 | | | 3 | |
| 安全注意事项 | 作业过程中，被评估人员穿着正确，做好个人安全防护 | | | 4 | 10 |
| | 作业过程中，注意场地周围环境及人员的安全 | | | 2 | |
| | 作业过程中，注意保护设备、零部件以及使用工具的安全 | | | 4 | |

<table>
<tr><td>科目</td><td>动力设备拆装</td><td>等级</td><td>750kW 及以上船舶二/三管轮</td><td>时间</td><td colspan="2">30 分钟</td></tr>
<tr><td>操作题目</td><td colspan="6">供油定时的检查与调整</td></tr>
<tr><td colspan="5">评估要求</td><td colspan="2">分值</td></tr>
<tr><td rowspan="3">工具、量具的选择与使用</td><td colspan="4">能正确选择及使用相应的专用工具、普通工具及其他工具，正确理解专用工具、普通工具之间的替代关系</td><td>4</td><td rowspan="3">10</td></tr>
<tr><td colspan="4">工具、量具选择规格合适</td><td>4</td></tr>
<tr><td colspan="4">选择、使用工具、量具过程中，注意对工具和量具的完好性进行检查</td><td>2</td></tr>
<tr><td rowspan="3">供油定时的检查与调整</td><td colspan="4">盘车确定适当位置</td><td>6</td><td rowspan="3">20</td></tr>
<tr><td colspan="4">按正确方法进行测量</td><td>7</td></tr>
<tr><td colspan="4">按正确方法进行分析计算</td><td>7</td></tr>
<tr><td rowspan="2">操作结果</td><td colspan="4">测量、计算结果正确</td><td>5</td><td rowspan="2">10</td></tr>
<tr><td colspan="4">在规定时间内完成</td><td>5</td></tr>
<tr><td rowspan="3">安全注意事项</td><td colspan="4">作业过程中，被评估人员穿着正确，做好个人安全防护</td><td>4</td><td rowspan="3">10</td></tr>
<tr><td colspan="4">作业过程中，注意场地周围环境及人员的安全</td><td>2</td></tr>
<tr><td colspan="4">作业过程中，注意保护设备、零部件以及使用工具的安全</td><td>4</td></tr>
</table>

## 四、项目评估要素

1. 回油孔喷油泵的拆卸和装配。
2. 出油阀偶件的检查及修理研磨。
3. 柱塞偶件的检查及研磨。
4. 供油提前角的检查和调整（冒油法或标志法）。

## 五、项目评估内容

### 任务一　喷油泵的拆装与检查

**【任务描述】**

掌握喷油泵的拆卸和装配方法，熟练运用专用设备及工具拆装和检修喷油泵。

**【知识准备】**

在燃油系统中，喷油泵是核心设备，其好坏直接关系到柴油机的经济性、动力性及可靠性。根据柴油机的工作特点和要求，喷油泵供油必须定时。但喷油泵会由于各方面的原因产生故障，如柱塞偶件磨损引起供油压力降低，供油量减少；出油阀偶件磨损，引起密封不良；某些传动机械连接的松动或磨损，会引起供油定时不准，导致柴油机不能正常工作，甚至无法工作。因此，在平时使用时，应对喷油泵进行检验、调整和修理。

1. 喷油泵的作用

喷油泵在喷射过程中的作用有定时供油及产生高压。

2. 偶件修理

通常，阀偶件密封不良可用研磨法修复。出油阀座和柱塞套筒之间的配合面密封不良可分别在水平的玻璃板或平台上研磨，使密封性恢复。

3. 油泵维护管理要点

(1)高压油泵的拆装

高压油泵的拆装有两种方法：一种是只拆装柱塞套筒偶件，简单易行；另一种是将整个高压油泵拆下来，比较麻烦。这里介绍前一种方法。

拆卸顺序：拆卸前，需打开凸轮箱道门，接住泄漏的燃油并转车到供油下死点。拆下高压油泵出口高压油管。拆松高压油泵头部外围内六角螺丝。将专用工具拧到高压油泵上，收紧螺丝即可拔出套筒。用专用塑料棒将齿套和柱塞旋转 90°取出。将高压油泵壳体内残油清洁干净，清通泵壳上的泄油孔道。

安装顺序：将柱塞插进滚轮座上，并转动 90°，保持柱塞垂直不动。插进齿套，齿套的两个齿与齿条的齿凹相啮合，齿套的平面和齿条的平面相平行，同时柱塞的横臂插进齿套的开口，推动油门拉杆，应活动自如。齿套、柱塞一起转动，说明柱塞和齿套安装到位。装复套筒和高压油管。

(2)柱塞偶件的清洁

柱塞偶件的结构特点可总结为四道令、三个孔、两道槽。从上至下第一道令密封燃油，防止燃油从上部漏出；第二道令密封燃油，防止燃油漏到泄漏收集孔道；第三道令防止润滑油与燃油相混；第四道令密封润滑油。套筒一侧有两个孔，一个孔与套筒内孔一道槽相通，引入燃油润滑；一个孔润滑油通到套筒底部喷到柱塞上润滑。套筒另一侧一个泄漏孔与套筒内孔的燃油泄漏收集槽相通。柱塞偶件拆下后，取出柱塞后将套筒倒置，拧开内六角螺丝，取下小法兰，即可清通燃油泄漏收集槽与泄漏孔等。由于高压油泵结构强度限制，泄漏孔道比较细长，在使用 380CST 燃料油时，燃油极易在泄漏孔道上结炭形成堵塞。其后果一是造成高压油泵卡住；二是泄漏的燃油顺流而下进入曲拐箱污染润滑油。后一种情况容易疏忽，但造成的后果更为严重，应引起足够重视。

(3)高压油泵出油阀的作用

出油阀的作用有蓄压、止回及减压。

4. 柱塞与套筒的密封性检查

用放大镜观察柱塞工作面缺陷，找出损伤部位并判断损伤性质。要特别注重斜槽上方、回油孔径等宽度范围内的损伤情况。

用下滑法检查密封性，对于中型喷油泵的柱塞偶件通常可采用相对滑动法做定性试验，方法如下：

①将偶件彻底清洁后沾上过滤后的轻柴油，装配在一起做往复抽拉滑动试验，如密封，应能灵活自如无卡滞现象。

②将偶件倾斜 45°～60°，抽出柱塞工作长度的 1/3，靠其自重做下滑试验。

③若柱塞在向上任何位置均能无阻滞地缓慢均匀下滑，说明密封性良好；若柱塞下滑速度过快，说明密封性不良；若柱塞在一个位置下滑尚好而改换一个位置则不能滑下，说明有过大的圆度。后两种情况的柱塞均不能使用。

5. 柱塞偶件损伤后的处理

(1)当偶件工作面出现较明显的擦伤、拉毛、严重腐蚀变色、穴蚀、可见裂纹，柱塞头部、斜槽边及顶边有金属脱落、倒角、密封不合格等缺陷时，应予成对换新。

(2)精密偶件导向工作面的研磨修理

这里说的研磨修理，是指偶件的导向工作面有轻微的毛糙变色，在做滑动性试验时表现有少许的阻滞缺陷，为此进行的研磨修理。如果导向工作面有较大的形状误差及严重的磨损损伤等缺陷，只能送去专业工厂修理。导向工作面有轻微毛糙变色的修理方法为：在圆柱面缺陷处涂上清洁的机油，用布擦磨直至缺陷基本清除。彻底清洁偶件后，在零件的圆柱面上涂上清洁的机油，插入配合的孔中进行对研并不断变化手握持的位置，直至缺陷消除。将偶件彻底清洗后，沾上清洁的轻柴油再次做滑动性试验，检查其配合状况，应符合要求。

6. 柱塞套筒平面检查

当套筒上平面出现轻微的划痕、腐蚀变色、油痕等轻微缺陷时，应予研磨修理，方法为：将专用研磨平板及偶件平面彻底清洁后用压缩空气吹净，在专用研磨平板上均匀涂上薄薄一层用机油调制的研磨粉。将偶件平面置于平板上做“8”字形运动并不断更换手握持的位置，以预防偏磨直至缺陷消除。将偶件平面及专用研磨平板彻底清洁后，换用机油再做“8”字形运动研磨，并不断更换手握持的位置直至平面成乌亮的光洁面。将偶件平面及专用研磨平板彻底清洁后，在平板上涂上少许机油，将偶件平面贴在平板上小心地平拉研磨几次，消除偶件平面上的研磨痕迹，研磨结果达到 $Ra0.1$～0.05。

**【操作步骤】**

1. 喷油泵的解体

喷油泵只有在工作时间达到检修周期或确认喷油泵有故障时才进行拆卸。

(1)将喷油泵从柴油机上拆下，首先将外表清洗干净，然后再拆卸其内部零件。

(2)将泵体下部夹紧在虎钳上，旋出出油阀紧座，并取出出油阀总成。

(3)将泵体倒立在虎钳上并夹紧，用力把柱塞导程套筒压下去，再用内卡簧钳将卡簧取出，然后慢慢松手使导程套筒上升至顶点，取出导程套筒和弹簧下座及弹簧。再依次抽出柱塞及控制套筒、弹簧上座等零件，这时齿条也可以抽出。

(4)旋出定位螺钉，用手指或木棒将柱塞筒由下往上顶出。至此油泵零件全部拆下。

2.喷油泵的组装

装配时,必须注意零件的清洁,精密偶件应用干净柴油清洗。经清洗后的偶件工作面禁止用棉纱或布擦拭,以防纱布头进入偶件配合间隙内引起卡滞。

检修后喷油泵的装配顺序一般按拆卸相反顺序进行。

(1)将柱塞套筒从泵体上部装入泵体内,注意柱塞上的定位槽对准泵体上的定位螺钉孔。

(2)将出油阀总成装入泵体内,其底面与柱塞套筒顶面直接接触。

(3)将泵体倒夹在虎钳上,把供油齿条插入齿条孔内,并放入控制套筒。注意控制套筒齿圈上有记号的齿要对正齿条上有记号的齿凹。

(4)将柱塞弹簧上座与柱塞弹簧依次装入泵体内,再将柱塞弹簧下座套在柱塞尾端上,然后小心插入柱塞套筒内。注意必须使柱塞凸肩上的记号对准控制套筒直槽上的记号。

(5)在确认柱塞、柱塞套筒、齿圈、齿条相互装配位置正确后,将柱塞导程套筒装入泵体中,用力按下导程套筒,然后将卡簧装入泵体环槽中。

(6)将套有密封铜垫的放气螺钉拧紧到油泵体上。

(7)将喷油泵装到机体上,手动泵油检查泵油是否正常。

3.出油阀偶件的检查

(1)偶件的清洗

①采用轻柴油或煤油清洗偶件。

②偶件配合面应使用软毛刷或软布进行擦洗。清洗干净后用清洁纸或丝绸擦干,不可用棉纱或破布擦,以免灰尘或棉纱毛头粘在偶件工作表面上。

(2)一般性检查

偶件清洗后可用低倍放大镜对工作表面进行观察,检查有无明显的磨损、腐蚀、裂纹等缺陷。如发现缺陷,应按实际情况进行修复或报废。

(3)出油阀的密封性检查

操作过程基本上与高压油泵柱塞偶件油液降压法相同。区别在于此项检查停止泵油时应放松泵油手柄。由于泵油手柄松动,柱塞自然下行。这时若压力表读数基本不变,则认为出油阀密封性良好;否则,出油阀应予换新或修理。

在出油阀上均匀地涂上一薄层专用研磨砂,出油阀和阀座进行互研。研磨完毕后清洁,再用上述方面检查其密封性。

4.柱塞偶件的检查

(1)偶件的清洗

①采用轻柴油或煤油清洗偶件。

②偶件配合面应使用软毛刷或软布进行擦洗。清洗干净后用清洁纸或丝绸擦干,不可用棉纱或破布擦,以免灰尘或棉纱毛头粘在偶件工作表面上。

(2)一般性检查

偶件清洗后可借助低倍放大镜对偶件工作表面进行观察,检查有无明显的磨损、腐蚀、裂纹等缺陷。如发现缺陷,应按实际情况进行修复或报废。

(3)偶件的磨损检验

偶件配合面磨损使其配合精度下降,燃油泄漏,压力降低。生产中可以通过检查偶件的密封性来了解其磨损程度。

①滑动试验法:先用滤净的轻柴油清洗和润滑偶件,然后使偶件与水平面成45°倾斜放置,把柱塞抽出1/3配合面长度后,使其在自重作用下自由滑下,且柱塞在套筒内转至任何位置滑下时均不得有阻滞现象。

若下滑速度缓慢、均匀,表明配合面无明显磨损,密封性好;若下滑速度较快,表明配合面磨损较大,密封不良;若将柱塞转动90°再次试验,柱塞下滑缓慢、均匀,表明偶件产生偏磨。

②油液降压试验法:在喷油泵高压油管接头处装压力表,手动泵油至达到说明书规定的泵油压力时停止泵油,按住泵油手柄不动,观察压力表指针。此压力读数若能在说明书规定的时间内(一般不小于30s)保持不降,则认为密封性良好。

5.减压环带磨损检查

(1)用放大镜检查减压环带损伤情况,并能指出损伤性质和部位。

(2)用抽拉法或按压法定性检查密封性。

抽拉法检查:用过滤后的轻柴油彻底清洁环带,装配在一起做往复抽拉滑动试验,应能灵活自如无卡滞现象。

按压法检查:用过滤后的轻柴油彻底清洁环带,装配时,当减压环带将要落孔时,用左手食指按住阀座底孔,右手食指轻压阀体使其进入阀孔时,应有轻微的压力感,松开食指,阀体应有微量的反弹。这说明密封性好,否则应予换新。

**【任务报告单】**

| 班级 | | 学时 | | 模块 | |
|---|---|---|---|---|---|
| 姓名 | | 所在组号 | | 任务成绩 | |
| 实训设备 | | 实训场地 | | 日期 | |
| 任务内容 | | | | | |
| 任务目标 | | | | | |

一、训练程序

二、决策与计划

三、实施

四、评估

1. 请根据自己任务完成的情况，对自己的工作进行自我评估，并提出改进意见。

2. 老师对小组工作情况进行评估，并进行点评。

3. 学员成绩

本次任务的成绩：________________。

## 任务二 供油定时的检查与调整,密封性的检查与处理

**【任务描述】**

1.掌握喷油泵总成密封性的检验方法。

2.掌握喷油泵提前角检查和调整的方法和操作步骤。

**【知识准备】**

1.喷油泵供油提前角的含义

喷油泵的供油提前角是指从喷油泵柱塞副开始供油的瞬间,至活塞到达上止点为止的曲柄转角。为了使柴油机充分地发出功率,最高爆发压力最好发生在上止点后5°～10°处。而柴油喷入气缸内,需要吸热蒸发与空气混合形成可燃混合气,并使气缸最高燃烧压力在上止点附近到达,燃烧放出的热量能充分膨胀做功。所以各型柴油机都在上止点前开始供油。

供油提前角是由喷油泵的凸轮轴相对于曲轴位置确定的。在额定工况下,每种柴油机都有一个最佳供油提前角,它是由柴油机试制部门试验确定,在柴油机的说明书上有规定值。因为供油提前角过大、过小,均会导致柴油机功率下降,工作性能不良。当供油提前角过大时,由于燃油喷入气缸内压力和温度不够高的气体中,燃油不能迅速吸热蒸发和形成可燃混合气,因而燃油不能迅速燃烧而积聚在气缸内,直到曲轴转过一定角度,缸内压力和温度升高后燃油才能开始燃烧。这样从喷油到燃烧开始,气缸内积聚的燃油增多,一旦着火燃烧,会使气缸内压力急剧上升,造成敲击现象。由于最高燃烧压力太高,而且冲击增大,柴油机机械效率下降,零件可靠性、寿命下降。当供油提前角过小时,燃油喷入气缸中经历的滞燃期短,因此,最高燃烧压力降低,爆发力量不足,使功率下降,同时整个燃烧过程后移,使大部分燃烧在气缸容积增大时进行,以致燃烧热量的利用率下降,排气温度升高,表现为柴油机容易过热,功率降低,油耗量增加,热效率显著下降。

由于供油提前角对柴油机的工作性能有明显的影响,所以在柴油机的使用和检修中,必须按规定检查和调整供油提前角的大小。

2.进、回油阀的密封性检查

取出出油阀后重复油液降压试验法。若压力下降很快,则说明进、回油阀或柱塞偶件漏油。鉴别方法是在研磨进、回油阀并取得满意效果后再重复此项检查。若密封性明显改善,则说明原进、回油阀密封不良。若密封性仍无改变,应予换新。

3.供油定时的检查与调整

(1)供油定时的检查

供油定时的检查方法因机型而异,在柴油机说明书中均有专门说明。在船舶上使用的方法有冒油法、照光法、标记法、上行程法。

(2)供油正时的调整

根据喷油泵的工作原理和喷油泵的传动结构,改变喷油泵供油定时的调整方法一般有三种,分别为转动凸轮法、升降柱塞法、升降套筒法。

转动凸轮法:各种类型的柴油机,安装凸轮的凸轮轴与曲轴按固定速比(1∶1或1∶2)传动。无论是齿轮传动还是链传动,只要改变两轴的相位,即改变了燃油凸轮的相

位，喷油泵的供油定时也发生了改变。对于整体式凸轮轴(小型柴油机)，调节整机的供油定时，可松脱油泵凸轮轴连接法兰盘，转好调节角后再重新连接。此做法的规律是：凸轮轴相对曲轴超前时，供油提前，反之则滞后。对于装配式凸轮轴(大中型柴油机)，调节单缸的供油定时，可直接转动燃油凸轮的安装相位。沿凸轮轴正车方向转动凸轮，定时提前，反之定时滞后。

升降柱塞法：此法多用于中小型柴油机回油孔调节式喷油泵。柱塞上升时定时提前，反之则滞后。柱塞的升降是通过调节顶动柱塞的顶头高度来实现的。在顶头上装有调节螺钉，螺钉的旋入或旋出改变了顶头的高度。调节前后需松动或紧固锁紧螺母。

升降套筒法：此法多用于大中型柴油机回油孔调节式喷油泵。套筒上升时定时滞后，反之则提前。套筒的升降有三种途径：一是套筒上端设有一组调节垫片，减少垫片即升高套筒，供油定时滞后；二是在泵体下端设置多个调节垫片，增加垫片或增厚垫片使套筒升高，则供油定时滞后；三是在套筒下部设螺旋套，用定时齿条拉动使套筒升降。

在上述三种供油定时的调节方法中，均未改变柱塞的有效行程，这也是供油定时调节的基本原则。它们对凸轮有效工作段的影响不同：转动凸轮法未改变凸轮的有效工作段，而柱塞升降法及套筒升降法均相应改变了凸轮的有效工作段，供油规律相应改变。

(3)供油量的检查与调整

在多缸柴油机中，当油门手柄置于某固定位置(通常为标定油门)时，各缸供油量应该均等，以保证各缸负荷均匀。此要求已在柴油机出厂调试中予以保证。按我国有关规定，在全负荷时各缸供油量的不均匀性应小于5%。当柴油机长期运转后或柴油机的喷油系统拆检后，各缸供油均匀性将发生变化，需进行调整。通常，供油量的检查包括停油位置和供油均匀性检查。

停油位置检查与调整：停油位置或“0”位检查是当油门手柄处在停车位置时，各缸喷油泵的供油量应为零，以保证可靠停车。

回油孔式喷油泵的油量调节齿条上有刻度，表示供油量多少。只要喷油泵安装正确，当齿条在小于刻度位置“2”时，就能保证喷油泵供油量为零。因此，在燃油手柄放在停车位置时，各缸喷油泵齿条都应处在刻度范围0～2内。如齿条刻度不符合要求，可通过转动齿条与油量调节杆连接处的调节螺钉调节。

供油均匀性检查与调整：将燃油手柄置于标定油门，测量并保证各泵柱塞的有效行程相等并符合说明书规定。

回油孔式喷油泵齿条刻度相应地表示柱塞有效行程的大小。当燃油手柄置于标定位置时，检查并调整各泵齿条刻度，使之与说明书规定值相等。对于中小型柴油机所使用的组合式喷油泵，应在油泵试验台上测定各泵连续泵油规定次数(如100次)时在专用计量筒中的累计供油量，然后酌情进行调整。

4.喷油泵刻线标志

对于组合式喷油泵，油泵端盖板上的刻线应与油泵凸轮轴接合器上的定时刻线对齐，如图11(a)所示。对于单体式喷油泵，喷油泵体上的定时刻线应与导程筒上的定时刻线对齐，如图11(b)所示。

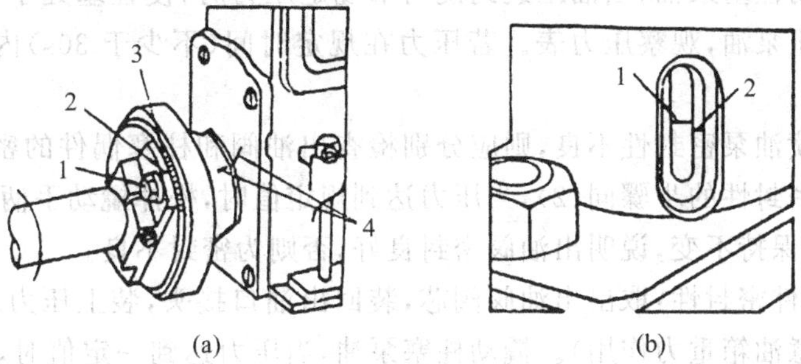


图 11　喷油泵刻线标志

1—锁紧螺钉　2—基准线　3—分度线　4—定时刻线

5—导程筒上定时刻线　6—泵体上定时刻线

【操作步骤】

1. 供油定时的检查

(1)冒油法

首先拆下第一缸供油泵上的高压油管,将燃油手柄置于标定供油位置,缓慢盘车至高压油管刚刚有油溢出后立即停止盘车,此时飞轮上指针指示的刻度值即为供油提前角。对于多缸机,应按发火顺序依次进行检查。

(2)照光法

对于大型回油孔终点调节式喷油泵,若套筒上有同样高的进、回油孔,可用照光法测量定时。拆下泵体上与进、回油孔相对应的螺钉,缓缓盘车,在油孔处用手电筒照明。当柱塞上行刚好将回油孔遮住而看不到光线时,马上停止盘车,此时飞轮上指针所指示的刻度即为该油泵的供油始点,即供油提前角。

(3)标记法

有些柴油机喷油泵的供油始点在泵体上装有固定和滑动标记。盘车时,从窗口处看到标记重合的瞬间,即为喷油泵的供油始点。此时飞轮上指针所指示的刻度即为供油提前角。

2. 供油定时的调整

(1)转动凸轮法

顺着凸轮轴转动方向将凸轮转动一个 $\alpha$ 角,则供油提前角由原来的 $\beta$ 变为 $\beta+2\alpha$;逆着凸轮轴转动方向将凸轮转动一个 $\alpha$ 角,则供油提前角由原来的 $\beta$ 变为 $\beta-2\alpha$。

(2)升降柱塞法

柱塞升高,则供油提前角变大;反之,则供油提前角变小。

(3)升降套筒法

套筒升高,则供油提前角变小;反之,则供油提前角变大。

3. 喷油泵总成密封性的检验方法

(1)拆去高压油管后装上压力表,用手撬动柱塞泵油,排除系统中的空气后旋紧压力表。

(2)继续撬动柱塞泵油，当油压达到说明书规定压力时，使柱塞处于1/2以上有效行程位置不动，停止泵油，观察压力表。若压力在规定时间(不少于30s)内保持不降，则可判断密封性良好。

(3)若发现喷油泵密封性不良，则应分别检查出油阀和柱塞偶件的密封性，具体方法为:检查出油阀密封性的步骤同(2)，当压力达到规定值时，松掉撬动手柄，使柱塞下行，若压力表读数基本保持不变，说明出油阀密封良好，否则为密封不良。

检查柱塞偶件密封性:取出出油阀阀芯，装回出油口接头，装上压力表并排除空气后旋紧压力表(注意油箱重力作用)。撬动柱塞泵油，当压力达到一定值时，使柱塞处于1/2以上有效行程保持不动，观察压力表数值变化，若压力下降较快，说明密封不良。

**【注意事项】**

1.用冒油法检查供油定时务必仔细，操作时应相互配合，一般不得少于三次测量。

2.注意调整要正确。调整后应予可靠紧固。调节螺钉调整法只适用于供油提前角的微量调节，调节后应检查进油孔开启量。

3.试验用油必须是经过滤后的轻柴油。

**【任务报告单】**

| 班级 | | 学时 | | 模块 | |
|---|---|---|---|---|---|
| 姓名 | | 所在组号 | | 任务成绩 | |
| 实训设备 | | 实训场地 | | 日期 | |
| 任务内容 | | | | | |
| 任务目标 | | | | | |

一、训练程序

二、决策与计划

三、实施

四、评估

1. 请根据自己任务完成的情况，对自己的工作进行自我评估，并提出改进意见。

2. 老师对小组工作情况进行评估，并进行点评。

3. 学员成绩

本次任务的成绩：________________。

# 项目九　喷油器的拆装与检修，启阀压力的检查与调节

## 一、项目评估目标

（一）知识目标

1. 掌握喷油器拆装的技术要求、安全规则。
2. 正确理解专用工具、普通工具之间的替代关系。
3. 掌握喷油器拆卸和装配的方法。
4. 掌握喷油器启阀压力的检查和调整方法。

（二）能力目标

1. 能正确选择使用相应的专用工具、普通工具及其他工具。
2. 能够对喷油器的主要部件进行正确检修。
3. 能够使用适宜的扳手和螺丝刀对喷油器压力进行检查与调节。

（三）素质目标

1. 通过喷油器拆装与检修的练习，培养学生团队协作的意识。
2. 通过喷油器主要部件检修的训练，培养学生分析问题、解决问题的能力。
3. 通过喷油器拆装与检修的练习，培养学生的安全意识。

## 二、项目评估的重点与难点

（一）重点

1. 喷油器的拆卸和装配。
2. 针阀偶件的研磨检修。
3. 多孔闭式喷油器总成的密封性检验。
4. 喷油器启阀压力的检查与调节。

（二）难点

1. 针阀偶件的研磨检修。
2. 多孔闭式喷油器总成的密封性检验。
3. 喷油器启阀压力的检查与调节。

## 三、项目评估标准

<table>
<tr><td>科目</td><td>动力设备拆装</td><td>等级</td><td>750kW 及以上船舶二/三管轮</td><td>时间</td><td colspan="2">30 分钟</td></tr>
<tr><td>操作题目</td><td colspan="6">喷油器的拆装与检修，启阀压力的检查与调节</td></tr>
<tr><td colspan="5">评估要求</td><td colspan="2">分值</td></tr>
<tr><td rowspan="3">工具、量具的选择与使用</td><td colspan="4">能正确选择及使用相应的专用工具、普通工具及其他工具，正确理解专用工具、普通工具之间的替代关系</td><td>4</td><td rowspan="3">10</td></tr>
<tr><td colspan="4">工具、量具选择规格合适</td><td>4</td></tr>
<tr><td colspan="4">选择、使用工具、量具过程中，注意对工具的完好性进行检查</td><td>2</td></tr>
<tr><td rowspan="3">拆卸与检查方法</td><td colspan="4">正确进行喷油器的拆装作业，拆装过程中要注意查找或标记拆装标志</td><td>8</td><td rowspan="3">20</td></tr>
<tr><td colspan="4">正确完成喷油器主要部件的检查以及喷油器的整体综合性检查</td><td>6</td></tr>
<tr><td colspan="4">能正确进行启阀压力检查试验，检查并调整正确的启阀压力</td><td>6</td></tr>
<tr><td rowspan="4">操作结果</td><td colspan="4">能按要求顺利完成喷油器的拆装及检查</td><td>4</td><td rowspan="4">10</td></tr>
<tr><td colspan="4">拆装过程中，能按机件拆装顺序以及特殊要求摆放零部件</td><td>2</td></tr>
<tr><td colspan="4">能顺利完成启阀压力的检查与调节试验，检查和调节结果符合要求</td><td>2</td></tr>
<tr><td colspan="4">在规定时间内完成</td><td>2</td></tr>
<tr><td rowspan="3">安全注意事项</td><td colspan="4">作业过程中，测评人员穿着正确，做好个人安全防护</td><td>4</td><td rowspan="3">10</td></tr>
<tr><td colspan="4">作业过程中，注意场地周围环境及人员的安全</td><td>2</td></tr>
<tr><td colspan="4">作业过程中，注意保护设备、零部件以及使用工具的安全</td><td>4</td></tr>
</table>

## 四、项目评估要素

1. 多孔闭式喷油器的分解。
2. 针阀偶件的研磨检修。
3. 多孔闭式喷油器的组装。
4. 多孔闭式喷油器总成的密封性检验。
5. 喷油器启阀压力的检查与调节。

6. 喷油器的雾化试验。

## 五、项目评估内容

### 任务一　喷油器的拆装与检修

**【任务描述】**

掌握喷油器拆卸和装配的方法，并使用专用设备及工具对多孔闭式喷油器进行拆装与检修。

**【知识准备】**

喷油器是燃油系统中完成喷油的最后也是最关键的一个部件，它长时间在高温高压下工作，很容易出现故障。喷油器的好坏对柴油机的动力性和经济性有显著的影响。

喷油器的主要任务是将高压燃油以雾状，按一定的方向和角度，均匀地喷入气缸，使燃油迅速蒸发与空气混合而形成良好的可燃混合气体，使燃油燃烧迅速和充分。如果喷油器工作不良、滴漏油、喷射方向和角度偏离、油束穿透力不足等，均会引起燃油燃烧不良、排气冒黑烟、柴油机输出功率下降、气缸热负荷增加，造成柴油机的动力性、经济性显著下降。因此，轮机人员平时应注意观察喷油器工作情况，一般 500～600h 就要对喷油器进行拆检和调整，对有损伤的零件进行修理和更换，以保证柴油机的良好性能。

**【知识拓展】**

1. 检修时，保证喷油嘴修理质量的三个关键要素

(1)针阀与油嘴体座面要达到完全的圆度。

(2)针阀与油嘴体座面要与油嘴体轴线完全一致。

(3)保证针阀与油嘴座面的加工达到准确的角度及光洁度。

2. 船用研磨砂

一种是通用研磨砂，用于研磨排气阀、各种铜阀、钢阀及空压机阀片等，颜色大多呈灰色；另一种是精密偶件通用研磨砂，颜色大多呈绿色；还有一种是油头专用研磨砂，颜色为深绿色，研磨油头时应选用这种深绿色的研磨砂。研磨砂一般有三种规格，即粗、中、细。

3. 针阀偶件的主要参数

针阀锥角比阀座的锥角大 $0.5°\sim1°$；配合间隙为 0.02～0.04mm；主密封带宽度为 0.3～0.5mm；针阀升程为 0.4～1.3mm。

4. 针阀偶件检修的操作规范

(1)试验必须是在十分洁净的状况下进行，偶件只能用过滤后的轻柴油冲洗。禁止用布或棉纱擦拭。

(2)研磨密封环带时，决不允许将研磨剂黏在导向面上，否则将破坏导向面的配合性质。

(3)偶件平面研磨时，必须沿“8”字形运动轨迹进行研磨，并不断更换手握持的位置，否则会造成偏磨。

(4)专用研磨平板及偶件必须十分清洁。

**【操作步骤】**

1.喷油器的分解

(1)喷油器从柴油机上拆下前,先将各管头用抹布擦拭干净,然后拆下与喷油器相连的管接头、高压油管、回油管、油头冷却水管等,拆除固定螺丝,用专用工具从缸盖上拔出喷油器。

(2)将喷油器外部擦洗干净,喷油嘴头如果有积炭用铜刷清除。

(3)将喷油器正夹于台钳上,用扳手拆下油管接头,注意接头内的缝隙式滤芯不要掉落。

(4)拧下尾部护罩,将锁紧螺母拧松1～2圈,再将调压螺钉拧出。

(5)从喷油器内取出弹簧上座、弹簧、顶杆。

(6)倒夹喷油器使喷油嘴向上,拧下锁紧螺帽。

(7)小心地取下针阀偶件和定位销。

(8)将拆下的所有零件放在干净的油盆中。针阀和针阀体是精密偶件,拆下后应成对存放,不要搞错,并注意保护加工表面。

2.研磨

(1)清洁偶件本体外表,用专用通针清洁喷孔。

(2)放入清洁柴油中进行清洗,再用空气吹净,用与针阀阀头形状相似的筷子缠好纯棉布,或用不起毛的混纺棉布对阀座进行彻底清洁。

(3)针阀清洁后用专用挑砂工具(钢针)挑砂,用钢针轻轻蘸一点调好的磨砂,在锥面离顶部1/3环形面积处对称轻点3下,针阀圆柱面用手点上较稀的机油。水平摆放阀体,将针阀轻轻送入阀体,轻转几圈,抽出针阀。如果砂离宽带较远,则轻打几下,再转几圈,此时砂会逐渐靠近宽带。如果砂越过宽带,说明砂太多,应及时清洁。如果不论怎么打,砂都不接近宽带,可在原有的环形砂带上再加一点砂,重复前述动作,再观察,如此重复多次直至密封带(光环)宽度为0.03～0.5mm。保持阀体水平放置,左手握住针阀,右手转动阀体,直至磨砂颜色由深绿变黑(国产砂颜色由绿变黑)。当砂发黑后,将阀体垂直放置,慢慢轻打,打至砂发干,就可清洁换砂了。

(4)重复上述步骤直至针阀密封带(光环)与锥面非接面有一明显分界线(光环发亮,分界线泛白),就可进行精研,精研1～2次即可。

(5)最后把针阀蘸点润滑油与阀体对打,清洁后进行装复。

3.多孔闭式喷油器的组装

(1)喷油器零件在干净的轻柴油里漂洗干净,并经过检查合格后,就可装复。

(2)将喷油器本体倒夹在台钳上,装上喷油嘴偶件。注意针阀体和喷油器体的端面销孔要对准入座,拧紧喷油嘴紧帽。

(3)正夹喷油器于台钳上,依次装上顶杆、调压弹簧、弹簧座,拧入调压螺钉至不很紧的位置,放入铜垫片,旋入锁紧螺母,待喷射压力调整后再锁紧螺母和护罩。

(4)拧紧带缝隙式滤芯的油管接头。

4.喷油器的检查与调整

检查内容包括:启阀压力、雾化质量和针阀偶件的密封性。

(1)启阀压力的检查和调节

启阀压力是喷油器开始喷射时的最低压力,对雾化质量影响很大,所有柴油机说明书中都规定了喷油器的启阀压力。不同类型的柴油机,其值一般为20～35MPa。喷油器长期使用后,启阀压力可能因调节螺钉松动、弹簧折断或卡滞、顶杆与针阀磨损或卡滞等原因而变化,因此必须经常进行检查。检查所用设备是喷油雾化试验台。检查前必须先检查设备本身的密封性,即当关闭试验油泵的出口,压动试验油泵使油压升至启阀压力以上时,油压应缓慢下降而不骤降。检查时接上待试验的喷油器,先排除空气,然后观察开始喷油时的压力,即启阀压力。如此值与规定值不符,则拧动调节螺钉,直到满意为止。

(2)密封性检查

喷油器密封性检查包括针阀与针阀体柱面和针阀与阀座两处密封性的检查。此项检查也是在喷油器雾化试验台上进行的。试验时泵油油压略低或略高于启阀压力,停止泵油后观察油压下降的速度。如某机型要求泵压至启阀压力(调弹簧预紧力)后在5s内压力降不大于5MPa。此速度大于规定范围时,说明针阀与针阀体圆柱面的间隙大,因密封不良而产生漏油,致使油压下降较快。在检查柱面密封性的同时亦可检查锥面的密封性,即在停止泵油时,若喷孔处只有轻度潮湿而无燃油滴漏者为密封性良好。

(3)雾化质量检查

此项检查也要使用喷油器雾化试验台。当手动泵油时细心观察喷柱的形状、数目、油滴细度和分布情况,注意察看在启阀压力之前和喷射之后喷孔处是否有燃油滴漏。良好的雾化质量应是喷柱符合要求,并且无油滴漏出或渗漏,整个喷射过程伴有清脆的“吱吱”声。对于雾化质量不佳的喷油器,如确系因针阀锥面密封性不良所致,可用少许研磨剂调和机油仔细涂在锥面处研磨。当喷孔堵塞时可先用煤油浸泡,然后用略小于喷孔直径的钢探针疏通,必要时换新喷油嘴。

5. 喷油设备的维护与管理

(1)对喷油设备适时进行拆检,查出隐患和缺陷,及时排除。拆检时须注意清洁,清洗只准使用轻柴油(或煤油),擦拭时不得使用棉纱。装复时注意正确定位,注意各密封口处的接合,注意有关装配记号。

(2)备车时应对各缸油泵逐个进行手动泵油,以便润滑柱塞偶件和观察柱塞及其相关运动件的灵活性。此外,还应检查喷油泵油量调节机构动作的准确性和可靠性。

(3)长期停车之后或喷油设备经拆检重新装复之后,应注意对喷油设备及燃油系统放气。喷油设备各处不得有燃油渗漏。

(4)运转中应注意高压油管的脉动状态。脉动突然增强,喷油泵有异响发出,则多为喷油器喷孔堵塞或针阀在关闭位置咬死所致。若高压油管无脉动或脉动微弱,则为柱塞或针阀在开启位置咬死或喷油器弹簧折断所致。若脉动频率或强度不断变化,则柱塞有卡滞现象。

(5)在柴油机运转中如需单缸停油,则应使用喷油泵专门停油机构抬起该油系柱塞。不可关闭喷油泵燃油进、出口阀,以免柱塞偶件断油缺乏润滑而卡死。

(6)应注意喷油器冷却系统的工作状况,确保喷油器可靠冷却,防止过热。定期检查喷油器冷却水循环柜内的水质变化,如混有柴油,则表示喷油器内有漏油现象。

(7)喷油器装入气缸盖前应检查与缸盖配合座面的密封性,必要时需清洁与研磨,以防止燃气漏出烧毁喷油器。喷油器在缸盖上的紧固螺母不可预紧过度,应按说明书规定的预紧力或按紧固螺母上的标线预紧。

(8)注意缸内燃烧过程的变化。应从排烟颜色、排气温度、示功图等的不正常变化,判断喷油设备的工作状况。

**【注意事项】**

1.分解过程中特别注意零件不要粘上任何污染物,尤其是喷油嘴偶件;不允许零件表面有压伤或擦伤;针阀体任何时候都不允许用虎钳夹,以免针阀体变形。

2.针阀与阀体为精密偶件,不可互换,拆卸后应成对放置。

3.拆卸时应注意各金属密封平面,不得碰撞。

4.零部件摆放应井然有序,以防失落。

5.装配时必须保持针阀偶件和其他零件的清洁。

6.装配时不得用布擦拭,也不准戴手套。

7.装调节螺钉时,不可一次拧入太多,以防损伤零件。

**【任务报告单】**

| 班级 | | 学时 | | 模块 | |
|---|---|---|---|---|---|
| 姓名 | | 所在组号 | | 任务成绩 | |
| 实训设备 | | 实训场地 | | 日期 | |
| 任务内容 | | | | | |
| 任务目标 | | | | | |

一、训练程序

二、决策与计划

三、实施

四、评估

1.请根据自己任务完成的情况，对自己的工作进行自我评估，并提出改进意见。

2.老师对小组工作情况进行评估，并进行点评。

3.学员成绩

本次任务的成绩：________________。

# 任务二　启阀压力的检查与调节

**【任务描述】**

掌握喷油器启阀压力的检查和调整方法，并使用适宜的扳手和螺丝刀对喷油器压力进行调节与检查。

**【知识准备】**

1. 雾化三要素

(1)雾化均匀。

(2)经多次喷射，喷嘴只能潮湿，不能有油滴存在。

(3)断油干脆利落，并有"吱吱"的响声。

2. 判断喷油器的雾化合格标准

喷油器无论快喷(120 次/min)还是慢喷(20 次/min)，均应有良好的雾化质量，声音清脆，无滴油现象，方为合格。

3. 启阀压力

启阀压力是指针阀在燃油压力作用下克服调压弹簧的预紧力而开启的最低喷射压力。这个压力可在试验台压力表上读得。检查时，将喷油器连接在试验装置的高压油管上，先排出喷油器油路中的空气，然后缓慢泵油，开始喷油时的压力，即为启阀压力。若此值与规定不符，则可拧动调节螺钉进行调节。最后拧紧锁紧螺母。

4. B&W 机型喷油器的试压方法及步骤

(1)喷油控制杆处在开启位置，然后以极快的速度将高压阀手柄从关闭的位置向下扳到全开位置，这时可以听到喷油器发出短促的响亮抖动，类似锯木头的声音，这说明喷油器内部各连接部件已找准了中心线。

(2)关闭喷油控制阀，然后再重新缓慢打开加压，当油压表显示高于 1.5MPa 时，回油孔(泄油孔)不应再有油渗出，继续加压到稍低于启阀压力(25MPa)，观察喷孔处，应有一点湿润，而不形成油滴，这证明针阀和阀座的密封良好。

(3)以极快速度加压，喷油器发出"嗒嗒"两声短促有力的喷油声表示喷油压力达到了要求，这个喷油器就试压成功了。

在上述(1)(2)(3)步中，第(1)步是十分关键的，如果装配中心线偏移，或者喷油器安装到试验台上紧固时，左右紧力不够均匀，都达不到效果。这时切不可立即判断针阀偶件不行，可以稍调节左右紧固螺母的松紧度，或用木槌从侧面敲打喷油体，再做第(1)步试验。倘若效果仍不佳，甚至可以略松开管接螺母。一旦中心线在油压作用下能自我找准，发出满意的声音，上紧螺母，再进行第(2)步。如果各部件和针阀偶件都没有什么问题，一般都能达到满意的结果。应该特别指出，从主机上卸下喷油器，切忌在地板或桌面上摔掷，任何侧向的振动都可能造成内部中心线偏移。试压好的喷油器整体，同样要避免振动，轻放到垂直的孔架上备用。

**【操作步骤】**

1. 喷油器启阀压力的检查与调节

(1)试验器本身密封性的检查。

(2)安装喷油器并排出系统内的空气。将喷油器接在试验器上,进油接头勿拧紧,手动泵油。此时接口处有带有气泡的燃油流出,待流出的油中无气泡时将接头拧紧。检查启阀压力调节螺钉的位置,调节螺钉的正确位置是螺钉对调压弹簧稍有压缩。

(3)快速泵油两次以便冲刷掉沉积在喷嘴处的杂质。

(4)以 8~10 次/min 的速度泵油,压力表指针将顺时针转动,当表针转到某一刻度不但不继续向前转反而向回转的瞬间,指示压力值即为启阀压力。

(5)调整启阀压力。用一个扳手固定住调节螺钉,另一个拧松螺母。将调节螺钉顺时针旋转,启阀压力应升高,反复检查调整直到达到设定的启阀压力。将调节螺钉锁紧后再检查一遍启阀压力。

2. 喷油器雾化试验

(1)试验器本身密封性的检查

(2)油雾的细度和均匀度的试验与判断

①试验方法:在启阀压力调整好的基础上,以 60 次/min 以上的速度快速喷射五次,注意观察雾束。

②雾化质量的判断:油雾颗粒细小均匀。肉眼观察雾束油雾中无单个的亮点及成线状的亮线,各喷孔喷出的雾束长短一致无偏吹现象。若雾束中心轴线上有亮点而外围部分有油雾漂浮现象,则说明雾化不良。出现此种现象的原因多为针阀与针阀体密封锥面密封不良所致,喷孔磨损较大也有一定影响。喷射起始干脆利落,有清脆的“吱吱”声。

连续五次有效喷射后喷嘴处应无油液积聚现象,但允许喷嘴处有湿润。若有油液积聚现象,多为针阀与针阀体密封锥面磨损过大或已经形成凸台所致。

(3)喷雾夹角及喷孔状况检验

①比较试验法:使用备件喷油器及在用的喷油器共同做雾化试验,通过雾化状况作出判断。

②喷纸试验法:在试验器平台上距喷油器喷孔 100~200mm 处放一张白纸。以 60 次/min 的速度做有效喷射一次,即刻查看白纸上喷射的油痕形状是否相似并标出三个油痕的中心点。通过三个中心点用几何作图法画出一个圆,若各油痕的中心基本在这个圆上,则说明喷孔尚好。

**【注意事项】**

1. 喷油器启阀压力检查、调节时的注意事项

(1)检验启阀压力时,应以 8~10 次/min 的速度泵油。

(2)调节启阀压力时,调节螺钉不可一次拧入太多,避免压力过高损坏试验器压力表。

2. 喷油器雾化试验操作时的注意事项

(1)高压油雾有毒且穿透力极强,试验时不可用手触及喷嘴油雾。

(2)做雾化试验时周围不得有明火且要注意通风。

(3)观察油雾时必须有透明的雾化箱保护,若无雾化箱则应距雾束一定距离。最好戴上防护眼镜,防止油雾误入眼中造成伤害。

**【任务报告单】**

| | | | | | |
|---|---|---|---|---|---|
| 班级 | | 学时 | | 模块 | |
| 姓名 | | 所在组号 | | 任务成绩 | |
| 实训设备 | | 实训场地 | | 日期 | |
| 任务内容 | | | | | |
| 任务目标 | | | | | |

一、训练程序

二、决策与计划

三、实施

四、评估

1.请根据自己任务完成的情况，对自己的工作进行自我评估，并提出改进意见。

2.老师对小组工作情况进行评估，并进行点评。

3.学员成绩

本次任务的成绩：______________。

# 项目十　曲轴臂距差的测量与计算，曲轴轴线的状态分析

## 一、项目评估目标

（一）知识目标

1. 掌握曲轴臂距差的测量方法和曲轴轴线状态图的绘制。

2. 正确理解专用工具、普通工具之间的替代关系。

（二）能力目标

1. 能正确选择及使用相应的专用工具、普通工具及其他工具。

2. 能够学会绘制曲轴轴线状态图及分析轴线状态。

（三）素质目标

1. 通过曲轴臂距差的测量练习，培养学生团队协作的意识。

2. 通过绘制曲轴轴线状态图及对轴线状态分析的训练，培养学生分析问题、解决问题的能力。

## 二、项目评估的重点与难点

（一）重点

1. 曲轴臂距差的测量。

2. 绘制曲轴轴线状态图及分析轴线状态。

（二）难点

正确计算臂距差。

## 三、项目评估标准

| 科目 | 动力设备拆装 | 等级 | 750kW 及以上船舶二/三管轮 | 时间 | 30 分钟 |
| --- | --- | --- | --- | --- | --- |
| 操作题目 | 曲轴臂距差的测量与计算，曲轴轴线的状态分析 | | | | |
| 评估要求 | | | | 分值 | |
| 工具、量具的选择与使用 | 能正确选择及使用相应的专用工具、普通工具及其他工具，正确理解专用工具、普通工具之间的替代关系 | | | 4 | 10 |
| | 工具、量具选择规格合适 | | | 4 | |
| | 选择、使用工具、量具过程中，注意对工具和量具的完好性进行检查 | | | 2 | |

续表

| | | | |
|---|---|---|---|
| 测量与分析方法 | 正确安装臂距表，进行曲轴臂距差的测量作业 | 4 | 20 |
| | 采取适当方法进行正确记录 | 4 | |
| | 正确计算臂距差 | 6 | |
| | 对曲轴轴线状态进行正确分析 | 6 | |
| 操作结果 | 能按要求顺利完成曲轴臂距差的测量作业 | 4 | 10 |
| | 能够正确记录并计算，测量、计算结果符合实际情况 | 2 | |
| | 分析结果符合实际情况 | 2 | |
| | 在规定时间内完成 | 2 | |
| 安全注意事项 | 作业过程中，测评人员穿着正确，做好个人安全防护 | 4 | 10 |
| | 作业过程中，注意场地周围环境及人员的安全 | 2 | |
| | 作业过程中，注意保护设备、零部件以及使用工具的安全 | 4 | |

## 四、项目评估要素

1. 曲轴臂距差的测量。
2. 画曲轴轴线状态图。
3. 分析主轴承的高、低状态。

## 五、项目评估内容

### 任务 曲轴臂距差的测量与计算，曲轴轴线的状态分析

**【任务描述】**

测量曲轴臂的距离，根据结果分析曲轴轴线的状态。

**【知识准备】**

中、大型柴油机的曲轴由于长度长，重量重，弯头多，刚度差，很容易引起挠曲变形。曲轴安装于机座主轴承上时，其轴线的平直度与各道主轴承座孔轴线的同轴度有关。当某道主轴承座孔轴线发生偏移时，就会引起过大的挠曲变形。偏移量越大，挠曲变形就越严重。若曲轴工作在过大挠曲变形的状态下，会使曲柄臂和曲柄销连接的过渡圆角处产

生过大的拉、压应力,导致该处产生疲劳,严重时会引起曲轴断裂。使用中的柴油机,常因某些原因引起主轴承下瓦高度偏差过大,而致使曲轴发生过大的挠曲变形。

曲轴挠曲变形的程度是通过测量其臂距差来确定的。臂距差的绝对值越大,曲轴挠曲变形就越严重。为了保证曲轴挠曲变形不致过大,有关部门对柴油机制造、修理、营运等不同情况都规定了标准。可通过测得的各道曲柄的臂距差值绘制出曲轴轴线状态图,从而可分析引起臂距差超标的原因,以便采取合适的调整方法,使臂距差恢复至正常范围,保证曲轴长期可靠地工作。

1. 测量条件与要求

在柴油机冷态进行测量;夜间、清晨或阴天时测量;船舶装载条件相同的情况下测量。一次装表完成全部测量:当曲轴未装活塞运动装置时,测量 0°、90°、180°、270°四个位置的臂距值;当曲轴上安装活塞运动装置时,测量 0°、90°、165°、195°、270°五个位置的臂距值。柴油机正车回转进行测量。

2. 测量点

拐挡表设在距曲柄销中心线$(S+D)/2$($S$为活塞冲程,$D$为曲轴直径)处。若不在中心线对应处测量,则距离中心线越远,臂距值越大。

3. 曲轴臂距差的精度影响因素

曲轴臂距差的精度与臂距表的精度、表的安装精度、读数误差和测量技术等有关。可用以下方法检验测量精度:将测得的上、下止点臂距值之和与左、右平臂距值之和比较,二者差值在±0.03mm 内,即$(L_{上}+L_{下})-(L_{左}+L_{右})<\pm0.03$mm,表明测量基本准确。如果几次测量结果均超过±0.03mm,表明曲轴存在严重变形。

4. 拐挡差记录方法

首先把各曲柄测得的臂距值记录在安装曲柄销或曲轴量表所在位置的记录图上。

由记录的数据计算出臂距差。

上下臂距差$\Delta_{上下}$为:$\Delta_{上下}=L_{上}-L_{下}$;

左右臂距差$\Delta_{左右}$为:$\Delta_{左右}=L_{左}-L_{右}$。

其中,$L_{上}$、$L_{下}$分别为曲柄销在上、下止点位置的臂距值;$L_{左}$、$L_{右}$分别为曲柄销在左、右水平位置的臂距值。

5. 需要测量曲轴拐挡值的情况

(1)新造柴油机:在机座安装后、活塞运动部件安装后、主机与轴系或副机与发电机连接后。

(2)主、副柴油机进厂修理:在修理前、在曲轴与轴系或发电机脱开后、拆去飞轮后、拆去活塞运动装置后、松开贯穿螺栓和修理后。

(3)营运期间:柴油机吊缸检修时或发现问题时。

(4)特殊情况:搁浅、碰撞等海损事故后或船体刚性差的船舶装载后。以及主轴瓦拂刮或换新、贯穿螺栓或地脚螺栓重新预紧后。

6. 曲轴臂距差测量的技术规范和标准

(1)测量中,盘车者必须服从并正确执行测量者的指挥,避免误伤人或损坏仪表。

(2)测量前,应对冲孔进行清洁并检查,拐挡表需进行灵敏性和准确性检查。

(3)全部测量过程中,只能按一个方向盘车,即使不慎盘过了要求的位置,也不要反向盘车,以免曲轴轴向窜动影响测量精度。

**【操作步骤】**

1. 安装拐挡表

(1)检查拐挡表的灵敏度。用手指按动拐挡表的顶尖,看表上的指针摆动是否灵活,放松顶尖后指针应能回到原来的位置。检查无误后,根据臂距的大小选择并调整曲轴量表测量杆的长度,使之比臂距大1～2mm。

(2)装表

①打开曲柄箱道门。

②将需测量臂距差的曲柄销转到下止点。如果曲柄销上装有活塞连杆,应把曲柄销转到下止点后15°的位置。在此位置上装曲轴量表最为方便,以此作为起始位置。

③寻找并仔细清洁两曲柄臂上的冲孔,冲孔应在距曲柄销轴线为$(S+D)/2$处。除去孔中的油污和杂物,以免引起误差。

④正确安装拐挡表,注意不要让连杆和连杆螺栓碰到拐挡表。

⑤装上拐挡表,预紧约1～2mm,用手拨转拐挡表2～3转后将拐挡表盘调到零位。对于配重式拐挡表,当将表两端的顶尖压装入两曲柄臂的冲孔之中后,应将拐挡表用手慢慢来回摆动2～3次,观察表针有无摆动。若有摆动,则多半是由于孔不正或两端的表杆不直引起。因此要修正冲孔或矫正表杆。确认安装良好之后,转动表面,将表上指针调到"0"位。

2. 曲轴臂距差的测量与计算

(1)拐挡表已经安装正确。

(2)确定盘车方向、起始测点(下止点15°)后,可根据销位法(或表位法)依次顺序测量5个或4个位置的拐挡值。注意避免盘车方向错误,以免把拐挡表碰落损坏。

(3)读取拐挡值。当曲轴量表的触头向表内压入时,表面上的读数应减小。在记录此读数时,可直接读作负值,以"－"表示。当曲轴量表的触头外伸时,表面上的读数应增大,在记录此数据时,可直接读作正值,以"＋"表示。即缩小为"－",增大为"＋"。

(4)记录。

(5)取下拐挡表,进行下一缸测量。对装有活塞连杆组件的曲轴,由于曲柄销在下止点位置时曲轴量表受连杆的阻碍而无法测量,为此应将曲柄销转到下止点后15°作起始位置,然后分别转至左平、上止点、右平、下止点前15°,即曲柄销自195°位置开始,经270°,0°,90°及165° 5个位置,分别进行测量和记录。用曲柄销在下止点前后各15°的两个位置,即165°和195°的臂距值的平均数来代替曲柄销在下止点位置的臂距值。再反向转动曲轴,同样在上述几个位置测量臂距值。

3. 作曲轴中心线状态图

(1)按气缸中心距成比例地画出各缸曲柄都向上的曲轴示意图。

(2)在曲轴示意图下方作横坐标与曲轴轴线平行,作纵坐标与曲轴轴线垂直。根据臂距差为正值则主轴承偏低,臂距差为负值则主轴承偏高原则,把正臂距差值取在横轴之下,负臂距差值取在横轴之上。

(3)把各曲柄的臂距差值确定的点 1,2,3,4,5,6 连接起来,所得折线即为曲轴轴线状态图。折线上对应于各主轴承位置点的纵坐标表示各主轴承的相对高度。

4.分析主轴承的高低状态

曲轴自由端曲柄臂距差值为"+"时,一般表示端部 1# 主轴承较相邻 2# 主轴承位置高;当臂距差值为"-"时,则表示端部 1# 主轴承较相邻 2# 主轴承位置低。

曲轴相邻曲柄臂距差值为"+"时,表示中间 2# 主轴承位置最低,臂距差值越大,中间轴承位置越低。若臂距差值为"-"时,表示中间 2# 主轴承位置最高,臂距差值越大则越高。

若臂距差与所测得的下沉量相吻合,则说明曲轴轴线挠曲变形是由于主轴承磨损引起的。若二者相互矛盾,则说明机座已经变形。因为当机座变形时,各轴颈的桥规值是不变的,臂距差则变化很大。当机座中部下塌时,整个轴线也随之下塌,而轴颈的下沉量并无变化。

**【任务报告单】**

| 班级 | | 学时 | | 模块 | |
|---|---|---|---|---|---|
| 姓名 | | 所在组号 | | 任务成绩 | |
| 实训设备 | | 实训场地 | | 日期 | |
| 任务内容 | | | | | |
| 任务目标 | | | | | |

一、训练程序

二、决策与计划

三、实施

四、评估

1. 请根据自己任务完成的情况，对自己的工作进行自我评估，并提出改进意见。

2. 老师对小组工作情况进行评估，并进行点评。

3. 学员成绩

本次任务的成绩：________________。

# 项目十一　气缸启动阀、安全阀、示功阀、空气分配器的拆装与检查

## 一、项目评估目标

（一）知识目标

1. 掌握气缸启动阀、安全阀、示功阀和空气分配器的拆装与检查方法。

2. 正确理解专用工具、普通工具之间的替代关系。

（二）能力目标

1. 能正确选择、使用相应的专用工具、普通工具及其他工具。

2. 能够学会识别并排除安全阀、示功阀、气缸启动阀和空气分配器的常见故障。

（三）素质目标

1. 通过气缸启动阀、安全阀、示功阀、空气分配器拆装的练习，培养学生团队协作的意识。

2. 通过气缸启动阀、安全阀、示功阀、空气分配器检查的训练，培养学生分析问题、解决问题的能力。

3. 通过气缸启动阀、安全阀、示功阀、空气分配器拆装的练习，培养学生的安全意识。

## 二、项目评估的重点与难点

（一）重点

1. 气缸启动阀、安全阀、示功阀和空气分配器的拆卸与安装。

2. 气缸启动阀、安全阀、示功阀和空气分配器的检查。

（二）难点

气缸启动阀、安全阀、示功阀和空气分配器的检查。

## 三、项目评估标准

| 科目 | 动力设备拆装 | 等级 | 750kW 及以上船舶二/三管轮 | 时间 | 30 分钟 |
|---|---|---|---|---|---|
| 操作题目 | 空气分配器的拆装与检查 | | | | |
| 评估要求 | | | | 分值 | |
| 工具、量具的选择与使用 | 能正确选择及使用相应的专用工具、普通工具及其他工具，正确理解专用工具、普通工具之间的替代关系 | | | 4 | 10 |
| | 工具、量具选择规格合适 | | | 4 | |
| | 选择、使用工具、量具过程中，注意对工具和量具的完好性进行检查 | | | 2 | |

续表

| | | | |
|---|---|---|---|
| 拆装与检查方法 | 正确进行空气分配器的拆装与检查 | 20 | 20 |
| 操作结果 | 能按要求完成各部件的拆装及检查作业 | 4 | 10 |
| | 拆装过程中，能按机件拆装顺序以及特殊要求摆放零部件 | 2 | |
| | 检查、测量结果符合机件本身的状态 | 2 | |
| | 在规定时间内完成 | 2 | |
| 安全注意事项 | 作业过程中，被评估人员穿着正确，做好个人安全防护 | 4 | 10 |
| | 作业过程中，注意场地周围环境及人员的安全 | 2 | |
| | 作业过程中，注意保护设备、零部件以及使用工具的安全 | 4 | |

| 科目 | 动力设备拆装 | 等级 | 750kW及以上船舶二/三管轮 | 时间 | 30分钟 |
|---|---|---|---|---|---|
| 操作题目 | 安全阀、示功阀、气缸启动阀的拆装与检查 | | | | |
| 评估要求 | | | | 分值 | |
| 工具、量具的选择与使用 | 能正确选择及使用相应的专用工具、普通工具及其他工具，正确理解专用工具、普通工具之间的替代关系 | | | 4 | 10 |
| | 工具、量具选择规格合适 | | | 4 | |
| | 选择、使用工具、量具过程中，注意对工具和量具的完好性进行检查 | | | 2 | |
| 拆装与检查方法 | 正确进行安全阀的拆装与检查 | | | 6 | 20 |
| | 正确进行示功阀的拆装与检查 | | | 7 | |
| | 正确进行气缸启动阀的拆装与检查 | | | 7 | |
| 操作结果 | 检查、测量结果符合机件本身的状态 | | | 5 | 10 |
| | 在规定时间内完成 | | | 5 | |

续表

| | | | |
|---|---|---|---|
| 安全注意事项 | 作业过程中,被评估人员穿着正确,做好个人安全防护 | 4 | |
| | 作业过程中,注意场地周围环境及人员的安全 | 2 | |
| | 作业过程中,注意保护设备、零部件以及使用工具的安全 | 4 | |

## 四、项目评估要素

1. 气缸启动阀的拆装与检查。
2. 安全阀的拆装与检查。
3. 示功阀的拆装与检查。
4. 空气分配器的拆装与检查。

## 五、项目评估内容

### 任务一　气缸启动阀的拆装与检查

**【任务描述】**

在规定时间内,按照气缸启动阀的拆装与检修方法,完成各部件的拆装及检查作业。

**【知识准备】**

1. 气缸启动阀的要求

(1)启动要求:速开速关,落座速度要慢,缸内发火时阀不应开启,以防燃气倒冲危险。

(2)制动要求:当缸内压力稍高于启动空气压力时阀仍能保持开启。

2. 气缸启动阀的主要类型

(1)单向阀式:用于中、小型柴油机。

(2)气压控制式:用于大型柴油机,根据启阀气路的不同分为单气路控制式和双气路控制式两种。

①单气路控制式

a. 特点:属平衡式启动阀,启阀活塞为单级平面式,面积大。

b. 优点:开关迅速,启动空气消耗少,结构简单。

c. 缺点:阀盘与阀面撞击严重,易磨损,易发生燃气倒冲,不能兼顾启动和制动两方面的要求。

d. 用于 MAN,B&W,MAN-B&W 型柴油机。

②双气路控制式

a. 特点:属平衡式启动阀,启阀活塞为分级活塞式。

b. 优点:兼顾柴油机的启动和制动要求(启动时气缸内压力超过启动空气压力能自动关闭)。

c. 缺点：结构复杂。

d. 仅用于 SULZER 柴油机。

3. 主启动阀的作用及要求

主启动阀位于启动控制阀与空气分配器之间，是压缩空气启动系统的总开关。对主启动阀的要求是：

(1)满足启动所需要的压缩空气量。

(2)使供气迅速、可靠并减少压缩空气的节流损失。

(3)启动完毕后能迅速切断进入启动总管的压缩空气，并使总管中残余空气经主启动阀放入大气。

4. 主启动阀的类型

(1)均衡式：靠气压开阀。

(2)非均衡式：靠泄放气压开阀，大型低速机多用。

**【操作步骤】**

1. 气缸启动阀的拆卸

(1)首先准备好拆卸的工具。

(2)拆卸气缸启动阀时，控制空气管和固定螺栓必须先拆掉，如有起吊设备的可利用行车吊钩，装上吊环螺钉将阀吊出。

(3)紫铜垫圈也应该拆下检查。如果完好无损，可以退火后继续使用。

(4)拆卸出气缸启动阀后的阀孔应全面清洁，注意勿使异物落入气缸。

(5)阀孔座面必须仔细清楚积炭，检查应无损伤。

(6)将阀放在工作台上解体，从阀杆螺母处开始。拆螺母要用弹簧压紧器，将弹簧阀体和弹簧承盘压下后，如螺母可以旋松下来，然后再慢慢地松出弹簧压紧器，从而松开弹簧。

(7)从阀的密封套上旋下锁钉之后，用拆卸工具将控制活塞和导缸向上拉出。将阀分解成单个零件后逐个清洗检查。注意阀杆导套只能在拔下定位销之后才可以拉出。

(8)拆卸时必须要使用专用工具，严禁敲、打、锤。特别要注意阀座和气缸盖之间的密封面。

2. 气缸启动阀的装复程序和技术标准

(1)装复在检修工作完成之后方可进行。

(2)退火处理密封紫铜垫圈后，装复或更换新件。

(3)阀座螺纹应涂抹保护油脂。

(4)装复前，橡皮密封圈更换新圈，阀的零件须彻底清洗，并用压缩空气吹扫干净。

(5)因启动阀阀杆螺母是承受冲击力的，所以当拧紧时必须要有足够的预紧力。当达到预紧力时，将活塞贴紧，再将螺母拧紧约 20°。

**【任务报告单】**

| 班级 | | 学时 | | 模块 | |
|---|---|---|---|---|---|
| 姓名 | | 所在组号 | | 任务成绩 | |
| 实训设备 | | 实训场地 | | 日期 | |
| 任务内容 | | | | | |
| 任务目标 | | | | | |

一、训练程序

二、决策与计划

三、实施

四、评估

1. 请根据自己任务完成的情况，对自己的工作进行自我评估，并提出改进意见。

2. 老师对小组工作情况进行评估，并进行点评。

3. 学员成绩

本次任务的成绩：________________。

# 任务二　安全阀的拆装与检查

**【任务描述】**

在规定时间内，按照安全阀的拆装与检修方法，完成各部件的拆装及检查作业。

**【知识准备】**

1. 安全阀的结构(见图 12)

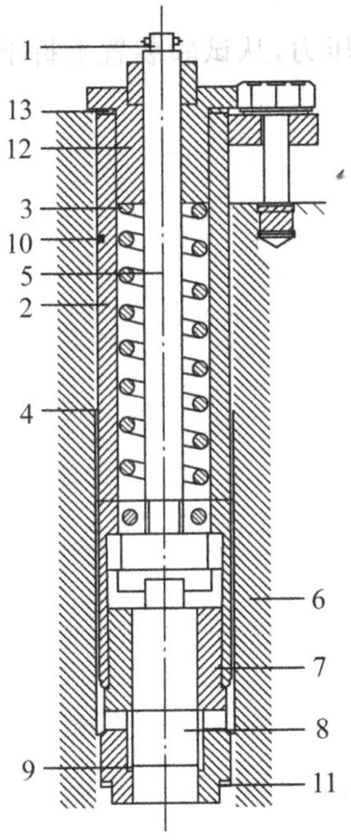


图 12　安全阀的结构

1—阀杆方头端　2—阀壳体　3—阀弹簧　4—通气道　5—阀杆　6—气缸盖中央阀体　7—阀导套　8—阀盘　9—阀座　10—橡皮密封圈　11—紫铜垫圈　12—阀杆导套　13—间距环

2. 安全阀的作用

为了保护气缸不受到超过规定的压力，气缸直径大于 230mm 的柴油机，每个气缸盖上应装有安全阀。安全阀的开启压力应不大于最高燃烧压力的 1.4 倍，安全阀排气口的位置应使排出的气体不会对人或物造成伤害。

**【操作步骤】**

1. 安全阀的拆装步骤

(1)拆卸时，先取下两只固定螺母，并用两只顶出螺钉使阀离座而起出。用一把扳手反固定阀杆上的方头，将阀杆导套旋出取下。在导套退到最后几圈时弹簧已松弛掉张力，所以不会存在将导套弹出的危险。

(2)将阀杆和弹簧取出清洗。将紫铜垫片拆下检查，如果完好可以退火继续再用，否则应更换。

(3)装复安全阀时按拆卸程序的反向进行，所有零件要涂上一层二硫化钼润滑脂。要特别注意弹簧端部须平滑，充分涂上二硫化钼润滑脂。

(4)注意当阀杆装在阀内并处于弹簧张力之下时，绝对不可以转动。

2.安全阀的检修步骤

(1)把安全阀装到试验装置中。试验装置和液压油泵接通。

(2)松开安全阀上的锁紧螺母，旋转调节螺钉使阀刚好关闭。

(3)从阀和软管中抽油，直到无气泡从安全阀开口中流出为止。

(4)拧紧安全阀的调节螺钉，直到指示压力达到数据表的正确值为止，开启压力为$(200\pm5)\times10^5$ Pa。

(5)拧紧锁紧螺母，试验开启压力，从试验装置上拆下安全阀。

**【任务报告单】**

| 班级 | | 学时 | | 模块 | |
|---|---|---|---|---|---|
| 姓名 | | 所在组号 | | 任务成绩 | |
| 实训设备 | | 实训场地 | | 日期 | |
| 任务内容 | | | | | |
| 任务目标 | | | | | |

一、训练程序

二、决策与计划

三、实施

四、评估

1. 请根据自己任务完成的情况，对自己的工作进行自我评估，并提出改进意见。

2. 老师对小组工作情况进行评估，并进行点评。

3. 学员成绩

本次任务的成绩：________________。

## 任务三 示功阀的拆装与检查

**【任务描述】**

在规定时间内，按照示功阀的拆装与检修方法，完成各部件的拆装及检查作业。

**【知识准备】**

1. 示功阀的作用

冲车时打开示功阀，可以观测每缸的状态；盘车时打开示功阀，可以降低气缸压力。示功阀连接示功器时，可以读取示功图。

2. 示功图

使用机械示功器可以读取 *P-V* 示功图、*P-V* 转角示功图、弱弹簧示功图、纯压缩示功图。使用机械示功器的手动功能可以读取手拉示功图、梳型图。使用气电示功器可以读取 $P\text{-}\phi$ 示功图。

**【操作步骤】**

1. 示功阀的拆装与检修技术规范

(1)拆卸时，先取下两只固定螺母，并用两只顶出螺钉使阀离座而起出。用一把扳手反固定阀杆上的方头，将阀杆导套旋出取下。在导套退到最后几圈时弹簧已松弛掉张力，所以不存在将导套弹出的危险。

(2)将阀杆和弹簧取出清洗。将紫铜垫片拆下检查，如果垫片完好，可以退火后继续使用，否则应更换。

(3)装复示功阀时，所有零件要涂上一层二硫化钼润滑脂。要特别注意弹簧端部须平滑，充分涂上二硫化钼润滑脂。

(4)注意当阀杆装在阀内并处于弹簧张力之下时，绝对不可以转动。

2. 调整示功阀的开启压力

(1)把示功阀装到试验装置中。试验装置和液压油泵接通。

(2)松开示功阀上的锁紧螺母，旋转调节螺钉使阀刚好关闭。

(3)从阀和软管中抽油，直到无气泡从示功阀开口中流出为止。

(4)拧紧示功阀的调节螺钉，直到指示压力达到数据表的正确值为止，开启压力为 $(200\pm5)\times10^5$ Pa。

(5)拧紧锁紧螺母，试验开启压力，从试验装置上拆下示功阀。

**【注意事项】**

试验前，应停车放气。

**【任务报告单】**

| 班级 | | 学时 | | 模块 | |
|---|---|---|---|---|---|
| 姓名 | | 所在组号 | | 任务成绩 | |
| 实训设备 | | 实训场地 | | 日期 | |
| 任务内容 | | | | | |
| 任务目标 | | | | | |

一、训练程序

二、决策与计划

三、实施

四、评估

1.请根据自己任务完成的情况,对自己的工作进行自我评估,并提出改进意见。

2.老师对小组工作情况进行评估,并进行点评。

3.学员成绩

本次任务的成绩:________________。

## 任务四　空气分配器的拆装与检查

**【任务描述】**

在规定时间内，按照空气分配器的拆装与检修方法，完成各部件的拆装及检查作业。

**【知识准备】**

空气分配器由凸轮轴驱动。它的作用是按照柴油机的发火顺序，在要求的启动正时时刻内将控制空气分配到相应的气缸启动阀，使之开启，让压缩空气进入气缸，启动柴油机。

1. 空气分配器的种类及作用

空气分配器按结构分为回转(分配盘)式和柱塞式。

(1)回转式多用于中高速机。六缸机有一个控制气口和六个出气口，拆装后重新装配时，应使与分配盘上的椭圆孔所连通的气缸处于膨胀行程。

(2)柱塞式多用于大中型机。

①按排列结构分

柱塞式按排列结构可分为单体式和组合式。组合圆列式各缸统一由一个启动凸轮控制，滑阀需要按发火顺序排列。

②按控制气路分

a. 单气路式：与单气路气缸启动阀相配，滑阀套上有四个气孔。

b. 双气路式：与双气路气缸启动阀相配，不启动时，在弹簧作用下滑阀和滚轮脱离。

**【操作步骤】**

1. 空气分配器的拆卸与检修技术规范

(1)拆装前应先准备好拆卸工具。

(2)关闭启动的控制空气，管路内的压缩空气泄放至大气。

(3)留意其方位位置及配合记号以备装复。单体式空气分配器的结构如图 13 所示。

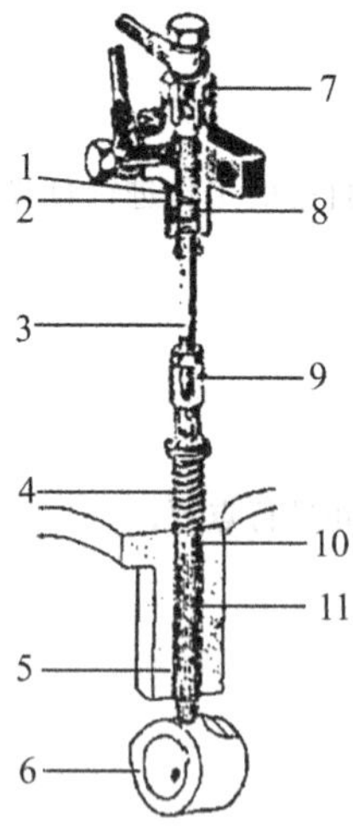


图 13　单体式空气分配器的结构

1—放气孔　2—阀体　3—调节杆　4—弹簧　5—套筒　6—启动凸轮
7—螺母　8—滑动活塞　9—螺纹调节块　10—轴肩套筒　11—顶杆

(4)在弹簧 4 的作用下，将顶杆连同滑阀一起抬起，顶杆 11 与凸轮脱离接触。

(5)拆除进气管、出气管，旋出螺母 7。

(6)下旋螺纹调节块 9，使调节杆 3 与滑动活塞 8 松脱。

(7)用随机工具中的 T 形钩头螺栓将柱塞滑阀从壳体中拉出。注意各个空气分配器滑阀不要弄混。

(8)拆去壳体上的两只紧固螺栓，取下滑动活塞。

(9)取出顶杆 11、调节杆 3 和弹簧。

2. 空气分配器的安装与检修技术规范

(1)装上顶杆 11、弹簧 4、螺纹调节块 9 和调节杆 3。

(2)安装壳体，上紧两只紧固螺栓。

(3)将滑阀与滑套工作表面涂一层薄油脂以便润滑。其他工作面也应涂抹机油或油脂。

(4)将滑阀压入壳体中的滑套内，注意要对准轴线，使滑阀能在滑套内轻松移动。

(5)安装螺母 7、进气管和出气管。

(6)调节调节杆 3 的长度。此时顶杆 11 应停在凸轮的基圆上。移动螺纹调节块 9，使柱塞滑阀上的沟槽记号与壳体上检查孔的标记吻合。

(7)用塞尺检测调节杆 3 与滑动活塞 8 之间的间隙。

**【任务报告单】**

| 班级 | | 学时 | | 模块 | |
|---|---|---|---|---|---|
| 姓名 | | 所在组号 | | 任务成绩 | |
| 实训设备 | | 实训场地 | | 日期 | |
| 任务内容 | | | | | |
| 任务目标 | | | | | |

一、训练程序

二、决策与计划

三、实施

四、评估

1. 请根据自己任务完成的情况，对自己的工作进行自我评估，并提出改进意见。

2. 老师对小组工作情况进行评估，并进行点评。

3. 学员成绩

本次任务的成绩：________________。

# 项目十二 液压拉伸器的使用与管理

## 一、项目评估目标

(一)知识目标

1. 掌握液压拉伸器的使用与管理方法。
2. 正确理解专用工具、普通工具之间的替代关系。

(二)能力目标

1. 能正确选择及使用相应的专用工具、普通工具及其他工具。
2. 能正确组装和分解液压拉伸器。
3. 能够学会识别并排除液压拉伸器的常见故障。

(三)素质目标

1. 通过液压拉伸器使用的练习,培养学生团队协作的意识。
2. 通过液压拉伸器管理的训练,培养学生分析问题、解决问题的能力。
3. 通过液压拉伸器使用的练习,培养学生的安全意识。

## 二、项目评估的重点与难点

(一)重点

1. 液压拉伸器的拆卸与安装。
2. 液压拉伸器的使用与管理。

(二)难点

液压拉伸器的使用与管理。

## 三、项目评估标准

| 科目 | 动力设备拆装 | 等级 | 750kW 及以上船舶二/三管轮 | 时间 | 30 分钟 |
|---|---|---|---|---|---|
| 操作题目 | 液压拉伸器的使用与管理 | | | | |
| 评估要求 | | | | 分值 | |
| 工具、量具的选择与使用 | 能正确选择及使用相应的专用工具、普通工具及其他工具,正确理解专用工具、普通工具之间的替代关系 | | | 4 | 10 |
| | 工具、量具选择规格合适 | | | 4 | |
| | 选择、使用工具、量具过程中,注意对工具和量具的完好性进行检查 | | | 2 | |

续表

| | | | |
|---|---|---|---|
| 使用与管理方法 | 能正确组装和分解液压拉伸器 | 8 | 20 |
| | 能正确使用液压拉伸器 | 6 | |
| | 能正确管理液压拉伸器 | 6 | |
| 操作结果 | 能按要求顺利完成分解和组装作业 | 4 | 10 |
| | 拆装过程中,能按机件拆装顺序以及特殊要求摆放零部件 | 2 | |
| | 理解液压拉伸器的使用要求和管理要求 | 2 | |
| | 在规定时间内完成 | 2 | |
| 安全注意事项 | 作业过程中,测评人员穿着正确,做好个人安全防护 | 4 | 10 |
| | 作业过程中,注意场地周围环境及人员的安全 | 2 | |
| | 作业过程中,注意保护设备、零部件以及使用工具的安全 | 4 | |

## 四、项目评估要素

1. 液压拉伸器的使用。
2. 液压拉伸器的拆装与更换O形圈。
3. 液压拉伸器的复位。

## 五、项目评估内容

### 任务　液压拉伸器的拆装

**【任务目标】**

能正确分解和组装液压拉伸器,掌握液压拉伸器的使用与管理方法。

**【知识准备】**

液压拉伸工具是目前船上广泛使用的一种能较为准确地控制预紧力和省力的螺栓上紧与松脱的装置。液压拉伸工具包括手动高压油泵、液压拉伸器、高压软管和压力表。

液压拉伸器的原理:它是利用油压使螺栓受拉伸长和变细,然后将螺母旋到预定的位置上或将螺母拆卸下来。

1. 液压拉伸器系统加压

(1)关闭液压泵上的停止阀,然后加压到系统所需的压力,关闭液压泵。

(2)此时拉伸头的拉伸将使六角螺母与法兰分离。

(3)检查泵的压力表,确保压力恒定。确定系统压力稳定时,用拨棒在支撑环的开口处转动螺母,使其返回到接合面。使用拨棒将六角螺母拧紧到接合面。螺母的紧固顺序不是很重要,但应确保不要漏掉其中任何一个,一次紧固同一组的每个螺母。

(4)慢慢打开泵的回油阀,此时负荷从拉伸器传递到螺母上。用拨棒转动拉伸头,使活塞回到初始位置。

(5)断开油管,将拉伸器安装在另外一组的螺栓上,重复上述顺序和步骤。

2.液压拉伸器系统减压

当系统减压时,液压泵显示的压力值是不准确的,不供参考。准备卸压前应确保:所有必要的安全防范措施已经采取;整个操作过程应由专业或经过培训的人员操作;整个过程和数据应由工程师监管;接头、管线是处于不工作状态的;接头处压力值为零,不存在危险;最大压力不能超过螺栓材料所能承受最大压力的 95%或者螺栓拉伸器的最大压力中的一个,泵必须调整合乎此压力要求。

(1)将拉伸器安装到螺栓上。把拉伸头拧入螺栓中,要拧到与油缸上表面接触为止。拉伸器拧到位后再将拉伸头拧松一到一个半螺纹,避免当拉伸器释放压力时造成拉伸头锁死。

(2)把拨棒伸进支撑环里拨环的孔中,用液压泵给系统加压,拉伸头将螺栓拉起。不能超过拉伸器的拉伸极限,也不能超过液压泵的最大压力。

(3)用拨棒拨动拨环,将螺母旋回到法兰面。

(4)卸压,检查螺母是否能转动。

(5)移走拉伸器。如果拉伸头不能被拧松,法兰螺母也是紧的,那么拉伸头被锁紧在法兰螺母的表面上,按步骤(6)进行操作。如果拉伸头不能被拧松,但是法兰螺母是松动的,那么拉伸头是锁死在活塞面上,按步骤(7)进行操作。

(6)如果法兰螺母还能够被进一步拧松,那么当拉伸器释放压力时,可能会引起螺母锁在拉伸头上。为了分开拉伸头和螺母,必须再一次给系统加压,然后将螺母拧紧半圈。再次释放压力时拉伸头就可以自由旋转了。

(7)拉伸头锁死在油缸的上表面情况的发生,可能是因为在步骤(1)中拉伸头拧紧再拧松的程度不够(拧松半圈是不完全的),当压力释放时,拉伸头就会锁死在油缸表面上。解决的办法是再次给系统加压,然后旋下螺母,释放压力时拉伸头就可以自由旋转了。

**【操作步骤】**

1.液压拉伸器的安装步骤

(1)确保法兰已紧固而且紧靠在一起,螺栓和螺母也是固定的。在法兰顶部安装占拉伸器总数 50%数量的拉伸器。拧紧起作用的螺母,使之和拉伸器紧固。

(2)确保安装拉伸器后至少还有一个螺纹的螺栓露在外面。

(3)确保法兰已紧固而且紧靠在一起,螺栓和螺母也是紧固的。在长螺栓上安装另外占拉伸器总数 50%数量的拉伸器。拧紧起作用的螺母,使之和拉伸器紧固。

(4)检查拉伸器底部周围环境,确保拉伸器垂直作用在接触平面上。

(5)彼此间隔的一半螺栓作为第一组,装上支撑环及液压缸,使支撑环的开口方向转到沿法兰径向。

(6)检查支撑环底座周围,确保液压缸已经垂直作用在拉伸平面上。通过调整液压缸下部的负荷螺钉,使支撑环相对于液压缸转动。

(7)将占液压缸总数50%数量的支撑环在负载螺母上套紧后,开始安装液压缸,通常将油管连接处以法兰为中心向外放置。

(8)在每个拉伸器上装上拉伸头,并将拉伸头拧入螺母上端伸出的螺栓中。保证拉伸头的螺纹直径、牙型、螺距与螺栓完全一致。用配套拨棒拨转拉伸头,直到拉伸头接触油缸上表面。

(9)打开一对快速接头的塑料保护盖,用油管将泵和第一个拉伸器连接,向后推动母接头的弹性环。轻轻拽一下油管以确定接头连接合适。

(10)对于串联方式安装,当所有的拉伸器都用油管连接起来后才可以继续操作,且系统中的最后一个拉伸器必须带有专用堵头。不可给未成对连接的快速接头加压。

2.液压拉伸器的拉伸步骤

(1)拉伸器已安装完毕,可以开始给螺栓加载。

(2)在给系统加压前应注意:确保液压泵的正确操作;明确拉伸器最大工作压力;明确拉伸头活塞最大拉伸位置(参看拉伸器标牌上的技术参数);必须满足拉伸器工作所需的工作压力。

3.液压拉伸器的使用维护要点

(1)泵油时,任何情况下均不得超过规定油压的10%以及不得超过最大拉伸量。

(2)及时检查和更换密封圈。

(3)使用后应释放油压,使液压活塞复位。

(4)所用液压油必须是纯净的液压油或透平油,绝不可使用系统润滑油或气缸油。

(5)不使用时,应涂抹油脂后保存于干燥的地方。

**【任务报告单】**

| | | | | | |
|---|---|---|---|---|---|
| 班级 | | 学时 | | 模块 | |
| 姓名 | | 所在组号 | | 任务成绩 | |
| 实训设备 | | 实训场地 | | 日期 | |
| 任务内容 | | | | | |
| 任务目标 | | | | | |

一、训练程序

二、决策与计划

三、实施

四、评估

1.请根据自己任务完成的情况，对自己的工作进行自我评估，并提出改进意见。

2.老师对小组工作情况进行评估，并进行点评。

3.学员成绩

本次任务的成绩：________________。

# 模块二　分油机的拆装

## 项目　分油机的拆装

### 一、项目评估目标

(一)知识目标

1. 了解分油机拆装的技术要求、安全规则。
2. 掌握分油机拆装的工具选取及使用方法。
3. 掌握分油机的结构、部件组成及工作原理。

(二)能力目标

1. 熟练掌握分油机拆装的程序。
2. 熟练掌握检查分油机部件的方法。

(三)素质目标

1. 通过分油机拆装的练习,培养学生团队协作的意识。
2. 通过分油机部件检查的训练,培养学生分析问题、解决问题的能力。
3. 通过分油机拆装的练习,培养学生的安全意识。

### 二、项目评估的重点与难点

(一)重点

1. 分离筒及其附件的拆装与检修。
2. 分离盘片的拆装与清洗。
3. 滑动圈和分流圈的拆装与检修。
4. 配水盘、导水座的拆装与检修。
5. 比重环的选择与更换。

(二)难点

分离筒及其附件的拆装与检修。

## 三、项目评估标准

<table>
<tr><td>科目</td><td>动力设备拆装</td><td>等级</td><td>750kW 及以上<br>船舶二/三管轮</td><td>时间</td><td colspan="2">30 分钟</td></tr>
<tr><td>操作题目</td><td colspan="6">分油机的解体、检修与装复</td></tr>
<tr><td colspan="5">评估要求</td><td colspan="2">分值</td></tr>
<tr><td rowspan="3">工具、量具的选择与使用</td><td colspan="4">能正确选择及使用相应的专用工具、普通工具、起重工具及其他工具，正确理解专用工具、普通工具之间的替代关系</td><td>4</td><td rowspan="3">10</td></tr>
<tr><td colspan="4">工具、量具选择规格合适</td><td>4</td></tr>
<tr><td colspan="4">选择、使用工具、量具过程中，注意对工具和量具的完好性进行检查</td><td>2</td></tr>
<tr><td rowspan="5">拆装与检查方法</td><td colspan="4">拆装程序和拆装范围符合要求(拆装程序根据具体机器确定)</td><td>4</td><td rowspan="5">20</td></tr>
<tr><td colspan="4">拆装过程中要注意查找或标记拆装标志</td><td>4</td></tr>
<tr><td colspan="4">拆装过程中注意螺纹连接处的反丝连接</td><td>4</td></tr>
<tr><td colspan="4">合理进行拆卸机件表面的清洁，掌握正确的清洗方法</td><td>4</td></tr>
<tr><td colspan="4">按要求对机件进行各种检查，检查方法正确、合理，检查结果正确</td><td>4</td></tr>
<tr><td rowspan="4">操作结果</td><td colspan="4">能按要求顺利完成各部件的拆卸及检查</td><td>4</td><td rowspan="4">10</td></tr>
<tr><td colspan="4">拆装过程中，能按机件拆装顺序以及特殊要求摆放零部件</td><td>2</td></tr>
<tr><td colspan="4">检查、测量结果符合机件本身的状态</td><td>2</td></tr>
<tr><td colspan="4">在规定时间内完成</td><td>2</td></tr>
<tr><td rowspan="3">安全注意事项</td><td colspan="4">作业过程中，被评估人员穿着正确，做好个人安全防护</td><td>4</td><td rowspan="3">10</td></tr>
<tr><td colspan="4">作业过程中，注意场地周围环境及人员的安全</td><td>2</td></tr>
<tr><td colspan="4">作业过程中，注意保护设备、零部件以及使用工具的安全</td><td>4</td></tr>
</table>

## 四、项目评估要素

1. 分离筒及其附件的拆装与检修。
2. 分离盘片的拆装与清洗。
3. 滑动圈和分流圈的拆装与检修。
4. 配水盘、导水座的拆装与检修。
5. 比重环的选择与更换。

# 五、项目评估内容

## 任务一　分油机的解体与检修

**【任务描述】**

解体分油机并进行部件检查。

**【知识准备】**

1.分油机的种类和工作原理

(1)分油机的种类

分油机根据用途不同分为分水机和分杂机。当待分油中所含水分较多时,使用分水机,分离油中的水分及杂质;当待分油中所含水分较少时,使用分杂机分离出的杂质和少量水分从排渣口排出。

分水机和分杂机的主要结构相同,差别只是:分水机盘架有一圈分配孔,分杂机无孔;分水机有重力环和出油口、出水口,分杂机只有出油口,不需要重力环。因此,二者只需更改个别元件即可互换。

(2)离心式分油机的工作原理

混合液在重力场或离心力场作用下,密度不同的液体将重新分层分布。在静置的重力场作用下,由于黏滞阻力的影响,密度不同的液体分层速度很慢,而在离心力场作用下,不同密度的液体在离心惯性力作用下将迅速沿径向重新分布,分层速度快,而且不容易掺混。因此,离心式分油机就是根据油、水、杂质密度的不同,在高速回转的离心力场作用下,依靠离心惯性力的不同,将油、水、杂质沿转轴径向重新分布,杂质离心惯性力最大,被甩到最外圈,纯油的离心惯性力最小,汇聚在转轴附近,水分则位于两者之间,从而将水和杂质分离出来而完成净化处理。由于杂质和水分所产生的离心惯性力比本身的重力大几千倍,因此,用分油机分油能缩短燃油或润滑油的净化时间和提高净化效果。

工作过程:

①开启:工作水使活动底盘下移,开启排渣孔(注水清洗)。

②空位:密封与排渣间的过渡。

③密封:工作水使活动底盘上移,分离筒封闭。

④补偿:对活动盘底部补水,保证密封。

2.分油机常见故障与分析

(1)异常振动或噪音

①分离筒安装不正确,紧固件松动或与机盖、配水盘擦碰。

②传动机械因缺油或油质差而损坏。

③轴承过度磨损而立轴下沉。

④供油泵卡阻或损坏。

⑤摩擦离合器损坏或过度磨损,质量不均匀。

⑥排渣不净,分离筒内积渣不均。

(2)分离筒达不到规定转速

①刹车未松开。

②摩擦离合器内混入油脂，摩擦片打滑或损坏。

③电动机或电气设备故障。

(3)不能进油或分油过程断油

①油泵传动齿轮锥销折断。

②泵严重损坏，间隙太大。

③泵转速太低。

④吸入管漏气。

⑤油柜用空。

⑥油柜油位太低。

⑦供油泵前滤器堵塞或管路不通。

⑧油温太低、黏度太大。

(4)分离效果不良(油中带水)

比重环内径太小。

(5)出水口跑油

①水封未建立或受到破坏。

②启动时水封水未加或加得太少。

③进油阀开得太猛，水封被破坏。

④油温太高，水封被蒸发。

⑤转速不足使水封压力不够。

⑥分离盘片间脏堵，油水分界面外移至分离盘外。

⑦比重环内径过大。

⑧油未加热至要求值，密度大。

(6)不能排渣

缺少压下滑动圈的开启工作水。①高置水箱无水；②工作水系统管道或控制阀堵塞或严重泄漏；③有关工作水孔脏堵不通；④滑动圈周向密封圈失效。

(7)排渣口跑油

第一类原因是滑动圈不能上移堵死密封水腔泄水口。原因为：

①分离筒上小孔堵塞，不能泄水。

②滑动圈下方弹簧失效。

③滑动圈上方塑料堵头失严漏水。

第二类原因是滑动底盘下部缺密封水。原因为：

①高置水箱无水。

②工作水系统管道或控制阀堵塞或严重泄漏。

③滑动底盘周向密封圈失效泄漏。

第三类原因是滑动底盘与分离筒盖不能贴紧。原因为：

①滑动底盘上端面主密封环失效。

②传动齿轮和轴承过度磨损使立轴下沉。

**【操作步骤】**

分油机的拆卸步骤如下：

1.切断电源，挂上“禁止合闸”警示牌。

2.关闭有关阀门，放掉残水、残油。

3.拆掉相关管路、阀门，并做好标记。

4.取下集水盖，收集分离出的水及多余的水封水。

5.拆下小锁紧环(使用专用工具，其锁紧方向与分油机转向相反)，并取下比重环。

6.拆下大锁紧环并取下分离筒盖。

7.取下颈盖。

8.拆下分离片及分离盘架。

9.拆下将军帽和配油锥体。

10.吊出下活动底盘。

11.拆除分离桶本体与配水盘的连接螺母，用专用工具吊出分离筒本体。

12.拆下配水盘和导水座。

**【任务报告单】**

| | | | | | |
|---|---|---|---|---|---|
| 班级 | | 学时 | | 模块 | |
| 姓名 | | 所在组号 | | 任务成绩 | |
| 实训设备 | | 实训场地 | | 日期 | |
| 任务内容 | | | | | |
| 任务目标 | | | | | |

一、训练程序

二、决策与计划

三、实施

四、评估

1.请根据自己任务完成的情况，对自己的工作进行自我评估，并提出改进意见。

2.老师对小组工作情况进行评估，并进行点评。

3.学员成绩

本次任务的成绩：________________。

## 任务二　分油机的装复

**【任务描述】**

确保分油机各部件状态良好。按标准程序装复分油机部件。

**【知识准备】**

1.比重环的作用与选取

作用:确立油水分界面的位置。

选取:油的比重越大,选取的比重环的内径越小。

2.马达与分油机的连接

依靠摩擦片在离心力的作用下驱动分油机。

优点:①启动时防止过载;②停止时防止马达反转。

**【操作步骤】**

1.清洁配水盘和导水座。

2.准备好吊具,安装分离筒本体并用三个螺栓固定本体和配水盘。

3.安装活动底盘。

4.安装配油锥体和将军帽。

5.安装分离盘架和盘片。

6.装上颈盖。

7.安装分离筒盖并上紧大锁紧环。

8.装上比重环并上紧小锁紧环。

9.装上集水盖。

10.装上各阀门,连接好相关管路,接上电源线,启动试验。

**【注意事项】**

1.安装时,应先选用专用工具,再选通用工具。

2.安装时注意零件上的记号。注意观察各种损坏的迹象,根据确定的检修范围进行拆卸,不要随意扩大拆卸的范围。防止漏装,避免重装、反装。随时检查部件的灵敏性和密封性。

3.安装过程中应分工明确,统一听指挥,相互配合。特别是在安装、搬运笨重零件以及盘车时,应相互关照。

4.拆装前应做好安全防范措施,预防安装过程中油、水、气、电发生跑、冒、滴、漏现象,防止人机损伤。

5.保持拆装场地整洁,地下油污及时清除,以防滑摔。

6.在吊运作业前,认真检查起吊工具,确认牢固后方可吊运。

**【任务报告单】**

| 班级 | | 学时 | | 模块 | |
|---|---|---|---|---|---|
| 姓名 | | 所在组号 | | 任务成绩 | |
| 实训设备 | | 实训场地 | | 日期 | |
| 任务内容 | | | | | |
| 任务目标 | | | | | |

一、训练程序

二、决策与计划

三、实施

四、评估

1. 请根据自己任务完成的情况，对自己的工作进行自我评估，并提出改进意见。

2. 老师对小组工作情况进行评估，并进行点评。

3. 学员成绩

本次任务的成绩：________________。

# 模块三　船用泵的拆装

## 项目一　离心泵的拆装

### 一、项目评估目标

（一）知识目标

1. 了解离心泵拆装的技术要求、安全规则。

2. 掌握对离心泵进行拆装的工具选取及使用方法。

3. 掌握离心泵的结构、部件组成及工作原理。

（二）能力目标

1. 熟练掌握离心泵拆装的程序。

2. 熟练掌握检查离心泵部件的方法。

（三）素质目标

1. 通过离心泵拆装的练习，培养学生团队协作的意识。

2. 通过离心泵部件检查的训练，培养学生分析问题、解决问题的能力。

3. 通过离心泵拆装的练习，培养学生的安全意识。

### 二、项目评估的重点与难点

（一）重点

1. 联轴器与泵壳的拆装。

2. 叶轮的拆装。

3. 轴和轴承的拆装。

（二）难点

离心泵密封部件的检修。

## 三、项目评估标准

<table>
<tr><td>科目</td><td>动力设备拆装</td><td>等级</td><td>750kW 及以上<br>船舶二/三管轮</td><td>时间</td><td colspan="2">30 分钟</td></tr>
<tr><td>操作题目</td><td colspan="6">离心泵的拆装</td></tr>
<tr><td colspan="5">评估要求</td><td colspan="2">分值</td></tr>
<tr><td>工具的选用与准备</td><td colspan="4">工具选择、使用正确、得当</td><td>5</td><td>5</td></tr>
<tr><td rowspan="5">离心泵泵体解体，叶轮拆卸</td><td colspan="4">拆卸顺序正确</td><td>2</td><td rowspan="5">15</td></tr>
<tr><td colspan="4">螺母按要求分次对角拆下</td><td>3</td></tr>
<tr><td colspan="4">叶轮拆卸方法正确</td><td>5</td></tr>
<tr><td colspan="4">部件摆放有序</td><td>3</td></tr>
<tr><td colspan="4">拆卸自如</td><td>2</td></tr>
<tr><td rowspan="3">拆卸联轴节和滚动轴承</td><td colspan="4">拆卸顺序正确</td><td>1</td><td rowspan="3">5</td></tr>
<tr><td colspan="4">使用拉马拆卸联轴节</td><td>2</td></tr>
<tr><td colspan="4">使用拉马拆卸滚动轴承</td><td>2</td></tr>
<tr><td rowspan="3">密封环间隙测量</td><td colspan="4">校表，外部清洁，进行测量</td><td>2</td><td rowspan="3">10</td></tr>
<tr><td colspan="4">测量部位、方法正确</td><td>5</td></tr>
<tr><td colspan="4">测量结果正确</td><td>3</td></tr>
<tr><td rowspan="4">离心泵装复</td><td colspan="4">转子组装顺序正确</td><td>3</td><td rowspan="4">10</td></tr>
<tr><td colspan="4">泵体装配顺序正确</td><td>3</td></tr>
<tr><td colspan="4">装配自如</td><td>2</td></tr>
<tr><td colspan="4">离心泵盘车自如，无卡阻</td><td>2</td></tr>
<tr><td>安全注意事项</td><td colspan="4">现场整洁，操作文明</td><td>5</td><td>5</td></tr>
</table>

## 四、项目评估要素

1. 联轴器与泵壳的拆装。
2. 叶轮的拆装。
3. 轴和轴承的拆装。

## 五、项目评估内容

### 任务　离心泵的拆装

**【任务描述】**

使用专用工具拆下及装复离心泵。

**【知识准备】**

1. 离心泵的种类、结构及特点

(1)离心泵的种类

①离心泵根据叶轮分为闭式、半开式、开式,如图 14 所示。

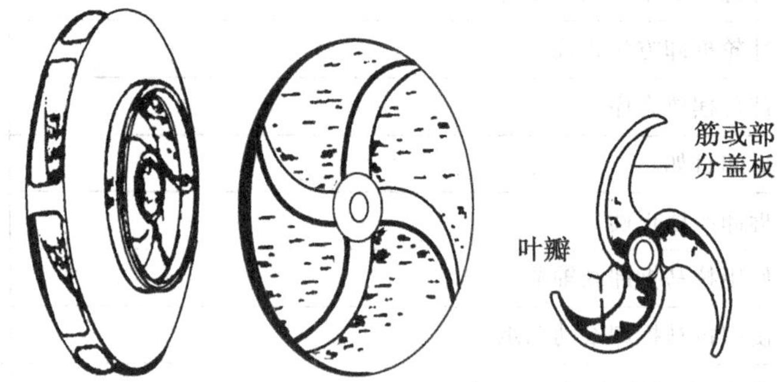


(a)闭式　(b)半开式　(c)开式

图 14　离心泵的叶轮

②离心泵根据吸入方式分为单侧吸入式和双侧吸入式,如图 15 所示。

(a)单侧吸入　(b)双侧吸入

图 15　离心泵的吸入方式

(2)离心泵的主要结构及其作用

①叶轮:是将原动机的机械能传递给被排送液体的部件。

②压出室:主要有涡壳和导轮两种,其主要任务是以最小的水力损失汇集从叶轮流出的高速液体,将其引向泵的出口或下一级,并使液体的流速降低,使其大部分的动能转化为压力能,避免管路阻力损失。

③密封环:密封环也叫阻漏环或口环,常用铜合金制成,安装在叶轮入口处。安装在叶轮和泵壳上的密封环分别称为动环和定环,它们可成对使用,也可只装设定环。密封环

可减少离心泵排出的液体从叶轮与泵壳之间漏回吸入口。根据密封环的形式,可分为平环和曲径环两类。曲径越多,阻漏效果越好,但制造和装配的要求也越高,并且容易损坏。因此,曲径环多用在单级扬程较高的离心泵中。

④轴封:轴封装于泵轴伸出泵壳处,用来阻止排液由此漏出或空气漏入。轴封分为机械轴封和填料轴封。机械轴封在船舶上经常使用;填料轴封也叫盘根,在填料之间还有“H”形水封环。泵运转中可以有泄漏,但不大于60滴/min。泄漏太大时,对称地适当压紧填料压盖,但要避免压得过紧使填料发热。填料老化发硬后要及时更换。

⑤轴承调节环(2个):可以调节轴承位置。有孔的环有润滑、布油作用。

⑥泵轴:是将叶轮轴承等运动部件连接起来传递动力的装置。

3.离心泵的特点

(1)流量连续均匀,而且容易调节。流量范围大,常用范围是5～20000$m^3$/h。

(2)转速高,可与电动机或汽轮机直接相连。结构简单紧凑,造价低。

(3)对杂质不敏感,易损件少(仅阻漏环、轴封和轴承),管理和维修较方便。

(4)泵的流量随工作扬程而变。不宜作滑油泵、燃油泵和液压泵等要求流量不随扬程而变的泵使用。

(5)泵所能产生的扬程主要是由叶轮外径和转速决定的,不适合小流量、高扬程。产生的最大排压有限,故不必设安全阀。

(6)轴向力:叶轮前是吸口,压力低;叶轮后是排出口,压力高,从而产生压差。叶轮上开有平衡孔,用于平衡轴向力。

2.离心泵的日常维护保养

(1)密封环的检查

①离心泵的转子在工作中难免有抖动和偏移,排送热的液体还会有热胀现象。密封环的径向隙太小时,容易产生摩擦,甚至咬死;但间隙太大时,泄漏又会显著增加。离心泵工作约2000h后,就应检查上述间隙值。测量的量具通常为塞尺或卡尺。测量方法根据泵的结构而定。

②安装后用涂色法检查。

(2)叶轮的检修

在船上,如果发现叶轮有下列缺陷之一时,应予换新:

①叶轮表面出现较深的裂纹或开式叶轮的叶瓣出现断裂。

②叶轮表面因腐蚀或穴蚀而出现穿孔。

③轮盖板因腐蚀而变薄,影响机械强度。

④叶轮进口处有较严重的磨损而又难以修复。

⑤叶轮产生较大的变形,影响泵的正常工作。

换新叶轮时,应仔细检查叶轮,修整叶轮进、出口,铲除毛刺并清洁水道。由于新叶轮在铸造和加工时可能产生偏重,应对其做静平衡试验,必要时可通过切削叶轮盖板的方法来消除不平衡重量。当铜质叶轮穿孔不多时,可用黄铜补焊,也可采用环氧树脂修补。叶轮进口处的划痕或偏磨现象不太严重时,可以用砂布打磨;在厚度允许的情况下,也可以光车。

3.泵轴的检查

检查项目:有无裂纹、弯曲、腐蚀麻点。

若有下列情况存在应换新:裂纹,严重磨损且不能保证足够的机械强度,弯曲严重无法校直(弯曲度不能超过0.06mm)。

**【操作步骤】**

1.离心泵的拆卸

(1)切断电源,挂上"禁止合闸"警示牌。

(2)关闭离心泵的吸、排阀。如果是热水泵须降温至常温,放掉残水,打开离心泵放残水旋塞,到压力表表压为0为止。

(3)拆掉相关管路、阀门,并做好标记。

(4)拆下联轴器,将泵从基座上拆下。

(5)拆下定位轴承。

(6)拆下泵壳。

(7)取出叶轮和泵轴,并取下密封环。

(8)分解叶轮和泵轴。

2.离心泵的装复

(1)清洁、组装叶轮和泵轴。

(2)安装泵壳。

(3)安装定位轴承并上紧螺栓。

(4)安装联轴器,固定泵体。

(5)装上各阀门,连接好相关管路,接上电源线,启动试验。

**【注意事项】**

用油性记号笔或钢字码等工具在泵壳各部件配合处标上号码和接缝记号,以保证装配时能按原来的顺序和位置装复。

**【任务报告单】**

| 班级 | | 学时 | | 模块 | |
|---|---|---|---|---|---|
| 姓名 | | 所在组号 | | 任务成绩 | |
| 实训设备 | | 实训场地 | | 日期 | |
| 任务内容 | | | | | |
| 任务目标 | | | | | |

一、训练程序

二、决策与计划

三、实施

四、评估

1. 请根据自己任务完成的情况，对自己的工作进行自我评估，并提出改进意见。

2. 老师对小组工作情况进行评估，并进行点评。

3. 学员成绩

本次任务的成绩：________________。

# 项目二　往复泵的拆装

## 一、项目评估目标

(一)知识目标

1. 了解往复泵拆装的技术要求、安全规则。
2. 掌握往复泵拆装的工具选取及使用方法。
3. 掌握往复泵的结构、部件组成及工作原理。

(二)能力目标

1. 熟练掌握往复泵拆装的程序。
2. 熟练掌握检查往复泵部件的方法。

(三)素质目标

1. 通过往复泵拆装的练习,培养学生团队协作的意识。
2. 通过往复泵部件检查的训练,培养学生分析问题、解决问题的能力。
3. 通过往复泵拆装的练习,培养学生的安全意识。

## 二、项目评估的重点与难点

(一)重点

1. 活塞的拆装。
2. 泵缸与活塞的检查、测量。
3. 胶木胀圈的检查与更换。
4. 吸、排阀的拆装与研磨。

(二)难点

吸、排阀的拆装与研磨。

## 三、项目评估标准

| 科目 | 动力设备拆装 | 等级 | 750kW 及以上船舶二/三管轮 | 时间 | 30 分钟 |
|---|---|---|---|---|---|
| 操作题目 | 往复泵的拆装 | | | | |
| 评估要求 | | | | 分值 | |
| 工具的选用与准备 | 工具选择、使用正确、得当 | | | 5 | 5 |
| 往复泵缸盖、活塞的拆卸 | 拆卸顺序正确 | | | 2 | 15 |
| | 缸盖螺母按要求分次对角拆下 | | | 4 | |
| | 连杆大端螺母按顺序拆卸 | | | 4 | |
| | 活塞吊出平稳，零件无损伤 | | | 3 | |
| | 拆卸自如 | | | 2 | |
| 阀箱解体、往复泵泵阀研磨 | 阀箱解体步骤正确 | | | 2 | 10 |
| | 平台清洁，调砂研磨 | | | 2 | |
| | 按“8”字形轨迹先粗研，后细研 | | | 3 | |
| | 色油检查，色点应均匀、密封性好、不漏水 | | | 3 | |
| 测量往复泵的胶木胀圈 | 测量数据完整 | | | 2 | 5 |
| | 测量方法合理、符合要求 | | | 1 | |
| | 操作熟练，测量及记录数据准确 | | | 2 | |
| 往复泵装复 | 胶木胀圈浸泡变软后安装、搭口位置错开 | | | 2 | 10 |
| | 往复泵缸盖、活塞的装配顺序正确 | | | 4 | |
| | 泵阀及阀箱装配顺序正确 | | | 2 | |
| | 装配自如 | | | 2 | |
| 安全注意事项 | 现场整洁，操作文明 | | | 5 | 5 |

## 四、项目评估要素

1. 活塞的拆装。
2. 泵缸与活塞的检查、测量。
3. 胶木胀圈的检查与更换。
4. 吸、排阀的拆装与研磨。

## 五、项目评估内容

### 任务　往复泵的拆装

**【任务描述】**

使用专用工具对往复泵进行拆装。

**【知识准备】**

1. 往复泵的种类、结构、原理及特点

(1)往复泵的种类

按作用数的不同,往复泵分为单作用泵、双作用泵、三作用泵和四作用泵等,其中三作用泵的脉动率最弱。

(2)往复泵的主要结构及其作用(以双作用泵为例)

①曲轴:有两个曲柄,曲柄夹角为 90°,以减少流量和功耗的波动;曲柄销与连杆大端相连,小端经十字头与活塞杆相连。

②缸体:由铸铁浇铸而成,中间镶有内套,内套常由铜制成,以防海水腐蚀。

③活塞及活塞环:活塞的材料是铜或铸铁,外周开有环槽,用于安装活塞环。活塞环亦称胶木胀圈,其密封性能通常用搭口间隙的大小来衡量。如果胀圈工作过久,磨损过度,以致搭口间隙超过规定数值,应予以换新。装胀圈之前要先用热水泡。

④轴封:活塞伸出泵缸的地方采用软填料密封,材料为浸油棉麻。允许泄漏,每分钟不超过 60 滴或 0.01%排量。

⑤泵阀:泵阀要求关得严、关得轻、关得快、阻力小。如果弹簧工作过久失去弹性,自由高度减少 5%以上,应予换新。泵阀与阀座的接触面必须进行密封试验,即将二者组装后倒置,注煤油检查,5min 内不漏为合格。关闭时撞击要轻,撞击要小。泵阀撞击合格的条件是:$h_{max} \cdot n \leqslant 600 \sim 650$。其中:$h_{max}$为阀的最大升程(mm),$n$ 为泵的转速(r/min)。

润滑设施:曲轴自由端带动齿轮润滑油泵实现压力润滑,润滑压力一般为0.08～0.12MPa,油温一般不大于 70℃,新装或大修后要进行点动试验防止反转。

⑥安全阀:往复泵必须设置安全阀,以保证能在排出压力过高时自动开启,使排出室和吸入室相通,防止排压过高而损坏泵体、管路及电机。安全阀的开启压力应为泵的额定排出压力的 1.1～1.15 倍。泵阀关闭时,安全阀的排出压力一般不大于泵额定压力加上 0.25MPa。

⑦空气室:分为吸入室和排出室,安装在泵的吸口和排出口处。为了降低吸、排管路中的流量和压力脉动,吸入空气室一般不需要刻意放气,而排出空气室会逐渐泄漏气体,因此要随时补气。

(3)往复泵的工作原理

活塞连续地往复运动,吸入管、阀箱和工作腔内的空气将逐渐地被排往排出管,同时液体将逐渐充满上述空气空间,泵便开始吸排液体。

(4)往复泵的特点

①强自吸能力,往复泵电动机反转仍能正常排液。

②理论流量取决于作用数、泵缸内径、行程、转速，与工作压力无关。

③额定排出压力与泵尺寸、转速无关，取决于原动机功率、轴承承载能力、强度、密封性。

④受泵阀工作性能限制（避免惯性水头太大、泵阀关闭滞后和敲击严重），转速不宜太高。

2.往复泵的日常维护保养

(1)泵阀的检查

①泵阀弹簧的检查：把弹簧放到平面上压三次，每次都使相邻的隔圈接触，然后检查它的自由高度。如果弹性残余变量超过5%，应予换新。

②阀杆的检查：检查阀杆有无变形、裂纹等，如果损坏较轻要进行校正，严重则换新。

③阀面的检查：查看阀面上有无划痕、麻点、裂纹等，如果损坏较大应换新，较小进行研磨。

(2)泵阀的研磨（阀盘的研磨）

①粗磨：用牙签在阀盘的密封面上均匀涂上粗研磨砂，向研磨台上滴上适量润滑油成“8”字形进行研磨，研磨一会儿转一个角度（15°～45°），当大的划痕、麻点、裂纹等基本消失时进行细研。

②细研：把阀盘和研磨台上的粗砂清洁干净，换细砂进行细研。步骤同粗研。

③精研（润滑油研）：当划痕、麻点、裂纹等消失时用润滑油或极细研磨砂进行精研。步骤同粗研。

(3)检漏

把阀组装好，将二者组装后倒置，注煤油检查，5min内无泄漏说明密封良好，否则继续研磨。

**【操作步骤】**

1.往复泵的拆卸

(1)切断电源，挂上“禁止合闸”警示牌。

(2)关闭离心泵的吸、排阀，旋开滑油箱底部的放油孔，放光润滑油，拆下润滑油各系统管路。

(3)脱开电机接线，卸载皮带，旋开地脚螺栓，取下电机。

(4)依次拆下润滑油泵、接油盘、泵侧的丝堵。

(5)拆下十字头销上的定位卡圈，取出十字头销。

(6)拆下曲轴箱上的有机玻璃观察孔盖。

(7)松开连杆大端螺栓，取出连杆大端下瓦盖，然后将曲轴转过一个适度的角度，将连杆和十字头取出。

(8)拆下固定减速齿轮的螺栓，将曲轴连同齿轮一起吊出，再解体齿轮箱并清洁。

(9)松开填料压盖和泵盖上的紧固螺帽，取出活塞和活塞杆。

(10)拆下下阀箱盖，取出吸、排水阀。

(11)拆下安全阀，进行单独解体清洗和检查。

2.往复泵的装复

(1)清洁、组装安全阀。

(2)安装吸、排阀并上紧阀箱盖。

(3)安装活塞和活塞杆并上紧填料压盖和泵盖。

(4)安装曲轴和轴承。

(5)安装齿轮箱。

(6)装上曲轴和十字头。

(7)安装十字头销及其定位卡圈。

(8)安装上曲轴箱上的有机玻璃观察孔盖。

(9)依次装上润滑油泵、接油盘、泵侧丝堵。

(10)装上各阀门,连接好相关管路,接上电源线,启动试验。

**【任务报告单】**

| 班级 | | 学时 | | 模块 | |
|---|---|---|---|---|---|
| 姓名 | | 所在组号 | | 任务成绩 | |
| 实训设备 | | 实训场地 | | 日期 | |
| 任务内容 | | | | | |
| 任务目标 | | | | | |

一、训练程序

二、决策与计划

三、实施

四、评估

1. 请根据自己任务完成的情况，对自己的工作进行自我评估，并提出改进意见。

2. 老师对小组工作情况进行评估，并进行点评。

3. 学员成绩

本次任务的成绩：________________。

# 项目三　齿轮泵的拆装

## 一、项目评估目标

(一)知识目标

1. 了解齿轮泵拆装的技术要求、安全规则。
2. 掌握齿轮泵拆装的工具选取及使用方法。
3. 掌握齿轮泵的结构、部件组成及工作原理。

(二)能力目标

1. 熟练掌握齿轮泵拆装的程序。
2. 熟练掌握检查齿轮泵部件的方法。

(三)素质目标

1. 通过齿轮泵拆装的练习,培养学生团队协作的意识。
2. 通过齿轮泵部件检查的训练,培养学生分析问题、解决问题的能力。
3. 通过齿轮泵拆装的练习,培养学生的安全意识。

## 二、项目评估的重点与难点

(一)重点

1. 联轴器与泵壳的拆装。
2. 轴向间隙的测量与端盖的研磨。
3. 安全阀的拆装与调节。
4. 轴、轴承和轴封的检查与更换。

(二)难点

轴向间隙的测量与端盖的研磨。

## 三、项目评估标准

<table>
<tr><td>科目</td><td>动力设备拆装</td><td>等级</td><td>750kW 及以上<br>船舶二/三管轮</td><td>时间</td><td colspan="2">30 分钟</td></tr>
<tr><td>操作题目</td><td colspan="6">齿轮泵的拆装</td></tr>
<tr><td colspan="5">评估要求</td><td colspan="2">分值</td></tr>
<tr><td>工具的选用与准备</td><td colspan="4">工具选择、使用正确、得当</td><td>5</td><td>5</td></tr>
<tr><td rowspan="5">齿轮泵解体</td><td colspan="4">拆卸顺序正确</td><td>1</td><td rowspan="5">5</td></tr>
<tr><td colspan="4">螺母按要求分次对角拆下</td><td>1</td></tr>
<tr><td colspan="4">主、从动齿轮拆卸方法正确</td><td>1</td></tr>
<tr><td colspan="4">部件摆放有序</td><td>1</td></tr>
<tr><td colspan="4">拆卸自如</td><td>1</td></tr>
<tr><td rowspan="5">轴向间隙、径向间隙和啮合间隙测量</td><td colspan="4">正确装配好主、从动齿轮，测量部位正确</td><td>2</td><td rowspan="5">15</td></tr>
<tr><td colspan="4">测量齿轮泵啮合间隙的方法正确</td><td>3</td></tr>
<tr><td colspan="4">测量齿轮泵径向间隙的方法正确</td><td>3</td></tr>
<tr><td colspan="4">测量齿轮泵轴向间隙的方法正确</td><td>4</td></tr>
<tr><td colspan="4">作出使用和维修结论</td><td>3</td></tr>
<tr><td rowspan="3">轴、轴承、轴封的检查与更换</td><td colspan="4">传动轴磨损检查</td><td>3</td><td rowspan="3">10</td></tr>
<tr><td colspan="4">轴承运转状况的检查</td><td>3</td></tr>
<tr><td colspan="4">轴封密封性能的检查</td><td>4</td></tr>
<tr><td rowspan="4">齿轮泵装复</td><td colspan="4">轴承、轴封安装正确</td><td>3</td><td rowspan="4">10</td></tr>
<tr><td colspan="4">主、从动齿轮拆卸方法正确</td><td>3</td></tr>
<tr><td colspan="4">泵体安装正确</td><td>2</td></tr>
<tr><td colspan="4">装配自如</td><td>2</td></tr>
<tr><td>安全注意事项</td><td colspan="4">现场整洁，操作文明</td><td>5</td><td>5</td></tr>
</table>

## 四、项目评估要素

1. 联轴器与泵壳的拆装。
2. 轴向间隙的测量与端盖的研磨。
3. 安全阀的拆装与调节。
4. 轴、轴承和轴封的检查与更换。

## 五、项目评估内容

### 任务　齿轮泵的拆装

**【任务描述】**

使用专用工具对齿轮泵进行拆装。

**【知识准备】**

1. 齿轮泵的种类、结构、原理及特点

(1)齿轮泵的种类

①根据啮合方式分为外齿轮泵、内齿轮泵以及转子泵等。

②按齿轮的形式分为直齿轮泵、斜齿轮泵。

(2)齿轮泵的主要结构及其作用

①安全阀:当泵排出压力过高时,安全阀开启,使泵排出口与进口贯通。

②阀芯:结构包括小孔、均压槽。小孔的作用是通油,起缓冲作用,减小阀芯升程,从而减小对顶头的冲击。均压槽的作用是布油、润滑和防止阀芯卡死。

③端面垫床:起密封作用。

④轴套:其上有回油孔、润滑槽,作用为:密封,防止漏油;调整齿轮泵端面间隙。

(3)齿轮泵的原理

当齿轮回转时,齿轮吸入侧退出啮合,其所占据的齿间容积逐渐增大而吸入液体。随着齿轮的回转,吸满液体的齿间转过吸入腔,沿泵体内壁转到排出腔开始啮合,啮合时齿间容积减小,压力升高,液体经排出口排出。

①困油现象:部分时间两对相邻齿同时啮合,形成封闭空间,泵的容积先减小后增大,产生困油现象。该现象的危害:轴承负荷(径向力)增大;噪音和振动增大;容积效率降低,功率损失等。

解决困油现象的方法有设对称卸荷槽、非对称卸荷槽和单卸荷槽。开通卸荷槽后,泵的流量稍有增加,因为封闭空间的油可从卸荷槽挤入到排出腔;而不开卸荷槽时这部分油被带回到吸入腔。

②径向力:主、从动齿轮所受径向力大小不等(从动齿轮受力较大),方向不同。径向力大小与转速无关,与齿宽、齿顶圆直径、吸排压力差有关。减小径向力的常用方法是缩小排出口。

2. 齿轮泵的日常检查和维护保养

(1)齿间(啮合)间隙的检查

①用塞尺测得三组数值求平均值。

②用压铅法检查正齿的齿轮泵。

(2)端面间隙的检查

采用压铅法检查端面间隙。铅丝直径的选择为1.5～2.0倍标准间隙。将铅丝按齿轮分度圆绕一圈,用牛油将铅丝粘好,主、从动齿轮各一根。然后将泵装好锁紧,压完后,小心取下铅丝,在整个铅丝圆周上相隔120°测三个数值,测量两组。用千分尺或游标卡尺测量。六个数值求平均值可得端面间隙。

(3)齿顶间隙的检查

①用塞尺测量。

②用游标卡尺测量(只限于偶数齿的齿轮泵)。

3.吸、排口的判断方法

齿轮进入啮合的是排口,脱离啮合的是吸口。安全阀的进口通泵的排口。

**【操作步骤】**

1.齿轮泵的拆卸

(1)切断电源,挂上"禁止合闸"警示牌。

(2)关闭齿轮泵的吸、排阀。

(3)放尽残油,拆掉相关管路、阀门,并做好标记。

(4)拆下联轴器,将泵从基座上拆下。

(5)拆下定位轴承。

(6)拆下泵前端盖轴封盖及其密封件。

(7)松开前端盖上螺栓,拆下前端盖及轴套(用螺丝刀轻轻沿前端盖与泵体的接合面处将端盖撬松)。

(8)取出主、从动齿轮。

(9)拆下后端盖及轴套。

2.齿轮泵的装复

(1)清洁并将啮合良好的主、从动齿轮两轴装入左侧(非输出轴侧)端盖的轴承中,装上泵体。装复时应按拆卸时所做记号对应装入,切不可装反。

(2)安装前端盖。

(3)对称上紧前后端盖的螺栓。

(4)安装轴封并上紧压盖。

(5)装上各阀门,连接好相关管路,接上电源线,启动试验。

**【任务报告单】**

| 班级 | | 学时 | | 模块 | |
|---|---|---|---|---|---|
| 姓名 | | 所在组号 | | 任务成绩 | |
| 实训设备 | | 实训场地 | | 日期 | |
| 任务内容 | | | | | |
| 任务目标 | | | | | |

一、训练程序

二、决策与计划

三、实施

四、评估

1.请根据自己任务完成的情况，对自己的工作进行自我评估，并提出改进意见。

2.老师对小组工作情况进行评估，并进行点评。

3.学员成绩

本次任务的成绩：________________。

# 模块四　活塞式空气压缩机的拆装

## 项目　活塞式空气压缩机的拆装

### 一、项目评估目标

(一)知识目标

1.了解活塞式空气压缩机拆装的技术要求、安全规则。

2.掌握活塞式空气压缩机拆装的工具选取及使用方法。

3.掌握活塞式空气压缩机的结构、部件组成及工作原理。

(二)能力目标

1.熟练掌握活塞式空气压缩机拆装的程序。

2.熟练掌握检查活塞式空气压缩机部件的方法。

(三)素质目标

1.通过活塞式空气压缩机拆装的练习,培养学生团队协作的意识。

2.通过活塞式空气压缩机部件检查的训练,培养学生分析问题、解决问题的能力。

3.通过活塞式空气压缩机拆装的练习,培养学生的安全意识。

### 二、项目评估的重点与难点

(一)重点

1.气缸盖的拆装。

2.活塞连杆的拆装。

3.高、低压吸排阀组的拆装与检查及研磨修理。

4.曲轴、轴承和轴封的测量、检查。

(二)难点

1.高、低压吸排阀组的拆装、检查及研磨修理。

2.曲轴、轴承和轴封的测量、检查。

## 三、项目评估标准

<table>
<tr><td>科目</td><td>动力设备拆装</td><td>等级</td><td>750kW 及以上<br>船舶二/三管轮</td><td>时间</td><td colspan="2">30 分钟</td></tr>
<tr><td>操作题目</td><td colspan="6">活塞式空气压缩机的解体、检修及装复</td></tr>
<tr><td colspan="5">评估要求</td><td colspan="2">分值</td></tr>
<tr><td>工具的选用与准备</td><td colspan="4">工具选择、使用正确、得当</td><td>5</td><td>5</td></tr>
<tr><td rowspan="4">空气压缩机<br>缸盖的拆卸</td><td colspan="4">拆卸顺序正确</td><td>4</td><td rowspan="4">10</td></tr>
<tr><td colspan="4">空压机残液、残气的泄放</td><td>2</td></tr>
<tr><td colspan="4">空压机相关管系的拆卸</td><td>2</td></tr>
<tr><td colspan="4">缸盖螺母拆卸顺序</td><td>2</td></tr>
<tr><td rowspan="3">活塞的拆卸</td><td colspan="4">拆卸顺序正确</td><td>1</td><td rowspan="3">5</td></tr>
<tr><td colspan="4">连杆大端螺母按要求的力矩和顺序拆卸</td><td>2</td></tr>
<tr><td colspan="4">活塞吊出平稳,零件无损伤</td><td>2</td></tr>
<tr><td rowspan="3">气阀检查、<br>余隙测量</td><td colspan="4">气阀密封线检查</td><td>5</td><td rowspan="3">15</td></tr>
<tr><td colspan="4">气阀升程测量</td><td>5</td></tr>
<tr><td colspan="4">测量结果正确</td><td>5</td></tr>
<tr><td rowspan="2">空气压缩<br>机的装复</td><td colspan="4">连杆大端螺母按要求的力矩和顺序装配</td><td>5</td><td rowspan="2">10</td></tr>
<tr><td colspan="4">缸盖螺母按要求的力矩分次对角装上</td><td>5</td></tr>
<tr><td>安全注意事项</td><td colspan="4">现场整洁,操作文明</td><td>5</td><td>5</td></tr>
</table>

## 四、项目评估要素

1. 气缸盖的拆装。
2. 活塞连杆的拆装。
3. 高、低压吸排阀组的拆装、检查及研磨修理。
4. 曲轴、轴承和轴封的测量、检查。

## 五、项目评估内容

### 任务　活塞式空气压缩机的拆装

**【任务描述】**

使用工具按正确的步骤拆装活塞式空气压缩机。

**【知识准备】**

1. 空气压缩机的结构、原理及特点

(1)空气压缩机的主要结构及其作用(以二级压差式为例)

①气阀:有环状阀、网状阀、舌簧阀和条状阀等。网状阀用于低转速大排量空压机;条状阀、舌簧阀用于转速较高的空压机。

对气阀的要求:加工工艺简单、检修方便;关闭严密、阻力小、启阀及时;保证有较长的工作寿命,至少在4000h以上。

②安全阀:低压级安全阀的开启压力为额定排压的15%,高压级安全阀的开启压力比额定排压高10%。开启时,空气泄放量应等于或稍大于压缩机的排气量。

③气液分离器:按工作原理不同,将气液分离器分为惯性式、过滤式、吸附式三种。其中惯性式气液分离器的工作原理是利用液滴和气体的比重不同,多次改变气流的流动方向,使液滴撞击并吸附在芯子的壁上,聚集而流到壳体下部空间,避免停车时气流返回压缩机。分离器出口有止回球阀,分离器下部的泄放阀用来排放分离出来的油和水。其作用是分离出压缩空气中的水分和油分。

(2)空气压缩机的工作原理

空气经滤清器、低压级吸气阀被吸入低压级气缸,经活塞压缩后,从位于气缸的低压级排出的空气经中间冷却器冷却后,通过高压级吸气阀被吸入高压级气缸进行二级压缩,经压缩后从高压级排气阀排出。排出空气再经冷却及气液分离后进入气瓶。

①润滑:润滑方式有飞溅润滑和压力润滑。

飞溅润滑:连杆大端轴承盖上装有击油勺,连杆小端开有导油孔。气缸润滑靠滴油杯或吸入曲柄箱的部分油雾来润滑。

压力润滑:气缸润滑靠注油器完成。

②冷却:气缸和缸盖的冷却方式为水冷和风冷。水冷形成冷却水套,先气缸后缸盖,缸壁冷却温度不低于30℃。风冷分为中间冷却和末级冷却(后冷却)。一般为串联套管式冷却(壳管式),压缩空气在管中自上而下流动,冷却水在管外自下而上流动。

③气液分离:其作用为分离压缩空气中的水滴和油滴,提高充入气瓶的压缩空气质量,防止气中带水造成"液击"。

2. 空气压缩机的日常维护保养

(1)进、排气阀的检查

①检查气阀零件的损坏情况,检查阀片和弹簧是否有断裂、扭曲、变形及弹簧是否还有弹性。

②检查阀片、阀座密封面磨损及划伤情况。当密封表面有微磨损、点蚀、不平和划伤时,可在研磨平台上研磨密封面。要成"8"字形研磨,以保证密封面研磨均匀,无单面倾斜及径向痕迹,从而确保密封面接合紧密,介质不会泄漏。当密封表面损伤严重时,对阀片或阀座予以更换。

③检查阀片和升程限制器导轨配合处的磨损情况。当阀片套在导轨上时,用手径向移动阀片,位移不能大于0.5mm,否则予以报废。

(2)气阀的研磨(阀盘的研磨)

①粗磨:在阀上均匀涂上粗研磨砂,向研磨台上滴上适量润滑油,成“8”字形进行研磨,研磨一会儿转一个角度(15°～45°)。当大的划痕、麻点、裂纹等基本消失时进行细研。

②细研:把阀和研磨台上的粗砂清洁干净,换细砂进行细研。步骤同粗研。

③精研(润滑油研):当划痕、麻点、裂纹等消失时,用润滑油或极细研磨砂进行精研。步骤同粗研。

3.气阀的检漏

将二者组装后,注煤油检查,滴漏每分钟不超过20滴即为合格,否则继续研磨。

**【操作步骤】**

1.空气压缩机的拆卸

(1)关闭电源,挂上警示牌。

(2)关闭冷却水进出口阀、出气阀,泄放冷却水。

(3)关闭空压机到气瓶的出气阀。

(4)拆除附件一级、二级进、排气管和冷却水管。

(5)拆下联轴器。

(6)拆下气缸盖。

(7)拆卸曲轴箱侧盖。

(8)拆掉连杆大端轴承下瓦。

(9)拆下活塞连杆部件。

(10)拆下轴承部件。

(11)拆轴承座。

(12)取出曲轴。

2.空气压缩机的安装程序

(1)清洁曲轴并安装。

(2)安装轴承座。

(3)安装活塞连杆部件。

(4)安装连杆大端轴承下瓦。

(5)安装气缸盖。

(6)装上曲轴箱侧盖。

(7)安装联轴器。

(8)安装进、排气管和冷却水管。

(9)接上电源线,启动试验。

**【任务报告单】**

| | | | | | |
|---|---|---|---|---|---|
| 班级 | | 学时 | | 模块 | |
| 姓名 | | 所在组号 | | 任务成绩 | |
| 实训设备 | | 实训场地 | | 日期 | |
| 任务内容 | | | | | |
| 任务目标 | | | | | |

一、训练程序

二、决策与计划

三、实施

四、评估

1.请根据自己任务完成的情况，对自己的工作进行自我评估，并提出改进意见。

2.老师对小组工作情况进行评估，并进行点评。

3.学员成绩

本次任务的成绩：__________________。

# 模块五　锅炉附件的拆装

## 项目一　排污阀和给水止回阀的解体、清洁、研磨与组装

### 一、项目评估目标

（一）知识目标

1. 了解排污阀和给水止回阀拆装的技术要求、安全规则。
2. 掌握排污阀和给水止回阀拆装的工具选取及使用方法。
3. 掌握排污阀和给水止回阀的结构、部件组成及工作原理。

（二）能力目标

1. 熟练掌握排污阀和给水止回阀拆装的程序。
2. 熟练掌握检查排污阀和给水止回阀的方法。

（三）素质目标

1. 通过排污阀和给水止回阀拆装的练习，培养学生团队协作的意识。
2. 通过排污阀和给水止回阀部件检查的训练，培养学生分析问题、解决问题的能力。
3. 通过排污阀和给水止回阀拆装的练习，培养学生的安全意识。

### 二、项目评估的重点与难点

（一）重点

1. 锅炉排污阀的解体、清洁与组装。
2. 锅炉给水止回阀的解体、清洁与组装。
3. 阀密封面的研磨。

（二）难点

阀密封面的研磨。

## 三、项目评估标准

<table>
<tr><td>科目</td><td>动力设备拆装</td><td>等级</td><td>750kW 及以上<br>船舶二/三管轮</td><td>时间</td><td colspan="2">30 分钟</td></tr>
<tr><td>操作题目</td><td colspan="6">排污阀和给水止回阀的解体、清洁、研磨与组装</td></tr>
<tr><td colspan="5">评估要求</td><td colspan="2">分值</td></tr>
<tr><td>工具的选用与准备</td><td colspan="4">工具选择、使用正确、得当</td><td>10</td><td>10</td></tr>
<tr><td rowspan="2">排污阀与给水止回阀解体</td><td colspan="4">拆卸顺序正确</td><td>7</td><td rowspan="2">15</td></tr>
<tr><td colspan="4">部件摆放有序</td><td>8</td></tr>
<tr><td rowspan="3">阀密封面研磨</td><td colspan="4">密封面的清洁及检查</td><td>2</td><td rowspan="3">10</td></tr>
<tr><td colspan="4">调砂研磨</td><td>4</td></tr>
<tr><td colspan="4">研磨方法正确，效果明显</td><td>4</td></tr>
<tr><td>排污阀装复</td><td colspan="4">装配顺序正确</td><td>5</td><td>5</td></tr>
<tr><td>给水止回阀装复</td><td colspan="4">装配顺序正确</td><td>5</td><td>5</td></tr>
<tr><td>安全注意事项</td><td colspan="4">现场整洁，操作文明</td><td>5</td><td>5</td></tr>
</table>

## 四、项目评估要素

1. 锅炉排污阀的解体、清洁与组装。
2. 锅炉给水止回阀的解体、清洁与组装。
3. 阀密封面的研磨。

## 五、项目评估内容

### 任务　给水止回阀的拆装

**【任务描述】**

对排污阀、给水止回阀的结构及拆装有充分的认识。

**【知识准备】**

1. 排污阀、给水止回阀种类、结构

(1)排污阀、给水止回阀的种类

排污阀是一种最普通的阀，用来将管路中的一段与另一段隔开。排污阀按结构可以分为直通式和直角式。止回阀又称为单向阀，它使介质只能沿一个方向流动而不能倒流，分为升降式和旋转式两种。

（2）排污阀、给水止回阀的主要结构（见图 16）

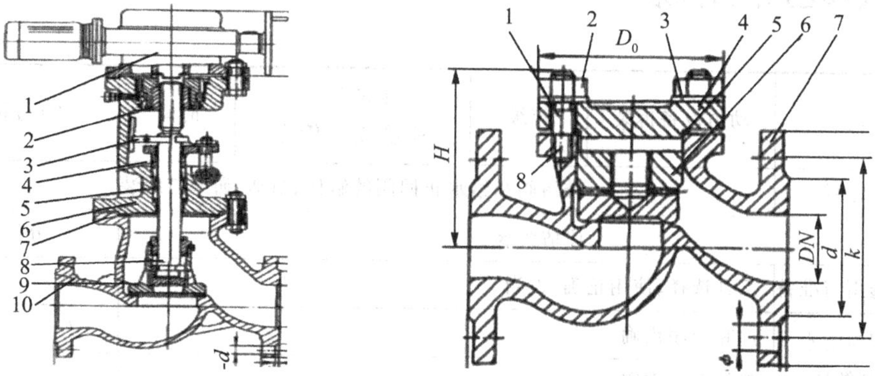


（a）排污阀

1—电动装置　2—阀杆螺母　3—导向块
—填料压盖　5—填料　6—阀盖　7—垫片
8—阀杆　9—阀盘　10—阀体

（b）给水止回阀

1—螺栓　2—螺母　3—垫圈
4—阀盖　5—法兰垫片　6—阀盘　7—阀体

图 16　排污阀、给水止回阀结构图

**【操作步骤】**

1. 排污阀、给水阀的拆卸

（1）拆除阀盖螺栓。

（2）将阀盖与阀体脱开。如果连接过紧，可以用铜棒敲打，并旋下阀杆，阀盖就容易被顶起了。

（3）松开填料压盖和手轮螺帽。

（4）将阀杆从阀盖中旋出。

（5）将阀盘从阀杆上拆下。

（6）取出填料函中的填料。

2. 排污阀、给水阀的安装

（1）密封垫床必须换新。

（2）在阀盘处于开启状态下，将阀盘和阀杆的组合件装入阀体中。

（3）螺栓对角逐次均匀上紧。

3. 排污阀、给水止回阀的清洁、研磨

（1）将阀体与阀芯放入洗衣粉中 30min，待污垢溶解后用刷子清除干净。

（2）将阀头与阀杆固定在一起。

（3）用加粗研磨砂研磨，直到凹坑、划痕消除。

（4）用加细研磨砂精研，直至密封良好。

（5）加水压进行密封测试。

**【任务报告单】**

| 班级 | | 学时 | | 模块 | |
|---|---|---|---|---|---|
| 姓名 | | 所在组号 | | 任务成绩 | |
| 实训设备 | | 实训场地 | | 日期 | |
| 任务内容 | | | | | |
| 任务目标 | | | | | |

一、训练程序

二、决策与计划

三、实施

四、评估

1. 请根据自己任务完成的情况，对自己的工作进行自我评估，并提出改进意见。

2. 老师对小组工作情况进行评估，并进行点评。

3. 学员成绩

本次任务的成绩：________________。

# 项目二　水位计的解体、清洁、垫片更换与组装

## 一、项目评估目标

(一)知识目标

1.了解水位计拆装的技术要求、安全规则。

2.掌握水位计拆装的工具选取及使用方法。

3.掌握水位计的结构、部件组成及工作原理。

(二)能力目标

1.熟练掌握水位计拆装的程序。

2.熟练掌握检查水位计的方法。

(三)素质目标

1.通过水位计拆装的练习,培养学生团队协作的意识。

2.通过水位计检查的训练,培养学生分析问题、解决问题的能力。

3.通过水位计拆装的练习,培养学生的安全意识。

## 二、项目评估的重点与难点

(一)重点

1.水位计的解体。

2.垫片的更换,水位计的组装。

(二)难点

垫片的更换,水位计的组装。

## 三、项目评估标准

| 科目 | 动力设备拆装 | 等级 | 750kW 及以上船舶二/三管轮 | 时间 | 30 分钟 |
|---|---|---|---|---|---|
| 操作题目 | 水位计的解体、清洁、垫片更换与组装 | | | | |
| 评估要求 | | | | 分值 | |
| 工具的选用与准备 | 工具选择、使用正确、得当 | | | 5 | 5 |
| 水位计的解体及清洁 | 拆卸顺序正确 | | | 5 | 15 |
| | 部件摆放有序 | | | 5 | |
| | 拆卸自如 | | | 5 | |
| 水位计垫片的更换 | 垫片处理 | | | 5 | 10 |
| | 水位计密封面处理 | | | 5 | |
| 水位计的组装 | 玻璃板与热处理 | | | 5 | 15 |
| | 密封面涂抹密封材料(格兰粉) | | | 5 | |
| | 固定螺栓的安装顺序正确 | | | 5 | |
| 安全注意事项 | 现场整洁,操作文明 | | | 5 | 5 |

## 四、项目评估要素

1. 水位计的解体。
2. 垫片的更换,水位计的组装。

## 五、项目评估内容

### 任务　水位计的解体、清洁、垫片更换与组装

**【任务描述】**

正确拆卸水位计并对其清洁。对垫片进行更换。

**【知识准备】**

锅炉的工作水位一般应位于水位计中段。通常每台锅炉装设两只水位计,分设在左、右两侧。若两只水位计均已损坏,锅炉应立即熄火。

水位计结构如图 17 所示。

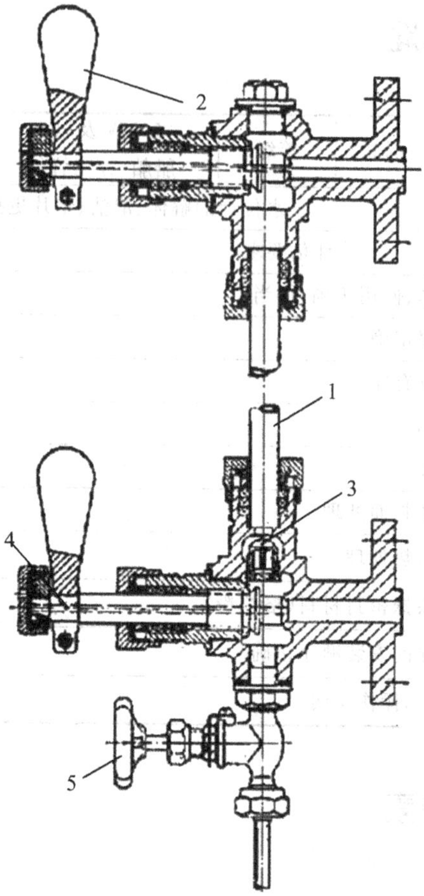

图 17 锅炉水位计

1—玻璃管 2—通气阀 3—止回阀 4—通水阀 5—冲洗阀

**【操作步骤】**

1. 水位计的拆卸

(1)首先进行停炉操作,并在电气控制箱上挂好“设备维修、严禁操作”的警示牌。

(2)待锅炉负荷下降时打开下排污阀,放掉部分炉水使炉内水位低于水位计。

(3)等到锅炉内已无蒸汽压力时,打开空气阀。

(4)拆卸水位计上的玻璃管或玻璃板组件。

(5)拆卸通气阀、通水阀和冲洗阀。

2. 水位计的组装

(1)将水位计本体及玻璃管清洁干净。密封面涂抹密封材料(格兰粉)。

(2)上紧玻璃板紧固螺栓,应由中间到两边对称、均匀、逐次上紧。

(3)安装通气阀、通水阀和冲洗阀。

3. 排污阀、给水阀的清洁、研磨

(1)将阀体与阀芯放入洗衣粉溶液中 30min,待结垢溶解后用刷子清除干净。

(2)将阀头与阀杆固定在一起。

(3)加粗研磨砂研磨，直至凹坑、划痕消除。

(4)加细研磨砂精研，直至密封良好。

(5)加水压密封测试。

**【注意事项】**

1. 更换玻璃管时应注意：玻璃管密封填料压盖的松紧程度应合适，太松会漏，太紧会损坏玻璃管。

2. 更换玻璃板时应注意：水位计本体平面应清洁，旧垫床必须清洁干净，表面不可有划痕。玻璃板两侧垫床要完好无损，不可有折断、厚薄不均现象。垫床安装时两面均匀涂抹石墨粉或白铅油。

3. 上玻璃板紧固螺栓时，应由中间到两边对称、均匀地逐次上紧，否则会造成玻璃板压裂或漏气、漏水。

4. 通水阀和通气阀同时关闭的时间要尽量短，以防水位计玻璃冷却后，在随后通入气、水时玻璃骤然变热而破裂。

5. 在换新玻璃后，也应先稍开通气阀，让玻璃暖一下，再开大通水阀和通气阀。

**【任务报告单】**

| 班级 | | 学时 | | 模块 | |
|---|---|---|---|---|---|
| 姓名 | | 所在组号 | | 任务成绩 | |
| 实训设备 | | 实训场地 | | 日期 | |
| 任务内容 | | | | | |
| 任务目标 | | | | | |

一、训练程序

二、决策与计划

三、实施

四、评估

1. 请根据自己任务完成的情况，对自己的工作进行自我评估，并提出改进意见。

2. 老师对小组工作情况进行评估，并进行点评。

3. 学员成绩

本次任务的成绩：________________。

# 项目三 燃烧器的解体、清洁与组装

## 一、项目评估目标

(一)知识目标

1. 了解燃烧器拆装的技术要求、安全规则。
2. 掌握燃烧器拆装的工具选取及使用方法。
3. 掌握燃烧器的结构、部件组成及工作原理。

(二)能力目标

1. 熟练掌握燃烧器拆装的程序。
2. 熟练掌握检查燃烧器部件的方法。

(三)素质目标

1. 通过燃烧器拆装的练习,培养学生团队协作的意识。
2. 通过燃烧器部件检查的训练,培养学生分析问题、解决问题的能力。
3. 通过燃烧器拆装的练习,培养学生的安全意识。

## 二、项目评估的重点与难点

(一)重点

1. 燃烧器的解体、清洁、组装。
2. 雾化片的清洁与研磨。

(二)难点

雾化片的清洁与研磨。

## 三、项目评估标准

| 科目 | 动力设备拆装 | 等级 | 750kW 及以上<br>船舶二/三管轮 | 时间 | 30 分钟 | |
|---|---|---|---|---|---|---|
| 操作题目 | 燃烧器的解体、清洁与组装 | | | | | |
| 评估要求 | | | | | 分值 | |
| 工具的选用与准备 | 工具选择、使用正确、得当 | | | | 5 | 5 |
| 燃烧器解体 | 拆卸顺序正确 | | | | 5 | 10 |
| | 部件摆放有序 | | | | 5 | |
| 雾化片清洁 | 喷油器拆卸方法正确 | | | | 4 | 10 |
| | 雾化片清洁方法正确 | | | | 6 | |

续表

| | | | |
|---|---|---|---|
| 点火电极位置调整 | 点火电极位置调整方法正确 | 5 | 10 |
| | 点火效果好 | 5 | |
| 燃烧器组装 | 装配顺序正确 | 10 | 10 |
| 安全注意事项 | 现场整洁，操作文明 | 5 | 5 |

## 四、项目评估要素

1. 燃烧器的解体、清洁、组装。
2. 雾化片的清洁与研磨。

## 五、项目评估内容

### 任务　燃烧器的解体、清洁与组装

**【任务描述】**

对燃烧器进行解体、清洁后组装。

**【知识准备】**

1. 燃烧器的种类、结构、原理及特点

(1)燃烧器的种类

燃烧器按喷油器形式分为压力式、回油式、蒸汽式和旋杯式四类，其中旋杯式应用比较广泛。

(2)燃烧器的主要结构及其作用

①喷油器：作用是控制喷油量；雾化燃油，保证燃烧质量。

②配风器：作用是控制一次风和二次风的风量；创造条件使助燃空气与油雾充分混合；促使油雾迅速汽化和受热分解，以利于充分燃烧。

③风机：主要作用是给锅炉供风。

④电点火器：电点火器由耐热铬镁金属丝(2 根)组成，能产生 5000～10000V 的电压。顶端发火部分应伸至喷油器前方 2～4mm 处，并注意防止油雾喷到点火电极上，也应防止电火花跳到喷油器和挡风罩上。

⑤火焰监视器：用于监视锅炉火焰的自动化元件。在锅炉点火过程或正常燃烧过程中，一旦出现点火失败或中途熄灭，可立即停止向锅炉喷油并发出声光报警。

2. 燃烧器的日常检查和维护保养

检查雾化片时，如发现喷孔磨损过大，表面出现裂纹等缺陷，应予换新。当雾化片切向槽因冲蚀而增大时，可用研磨的方法使其槽深变浅。如发现雾化片与喷嘴体配合面上有轻微划痕，也需要研磨消除。

**【操作步骤】**

1.燃烧器的拆卸

(1)首先停止锅炉工作,挂好警示牌。

(2)关闭喷油器进、回油阀。

(3)拆除系统与喷油器的连接油管。

(4)将喷油器从锅炉火口处支撑盖板上拆下。

(5)拆卸滤器盖,去除滤器。

(6)拧下雾化片锁紧螺帽,取下雾化片。

(7)对解体后的零件进行清洗,如发现有难以清除的积炭,应先用柴油浸泡,使积炭变软后再清洗。切忌使用钢制工具硬刮,以防表面出现划痕,影响雾化质量。

2.燃烧器的安装

(1)将雾化片装上喷嘴体,拧紧锁紧螺母。

(2)装上滤器和滤器盖。

(3)将组装好的喷油器伸入锅炉火口处,并装妥。

(4)装好喷油器和燃油系统的连接管。

(5)打开喷油器进、回油阀。

(6)喷油器装复后,应进行点火试验,检查喷油器各连接处密封情况和喷油器燃烧情况。

【任务报告单】

| 班级 | | 学时 | | 模块 | |
|---|---|---|---|---|---|
| 姓名 | | 所在组号 | | 任务成绩 | |
| 实训设备 | | 实训场地 | | 日期 | |
| 任务内容 | | | | | |
| 任务目标 | | | | | |

一、训练程序

二、决策与计划

三、实施

四、评估

1. 请根据自己任务完成的情况，对自己的工作进行自我评估，并提出改进意见。

2. 老师对小组工作情况进行评估，并进行点评。

3. 学员成绩

本次任务的成绩：________________。

# 主要参考文献

[1] 杜荣铭主编.《船舶柴油机》.大连:大连海事大学出版社,1999
[2] 周明顺主编.《船舶柴油机》.大连:大连海事大学出版社,2006
[3] 吕凤明主编.《动力设备拆装与操作》.大连:大连海事大学出版社,1999